Das Waqfrecht
und seine Entwicklung in der libanesischen Republik

Von

Dr. Herwig Bartels

Bremen

Berlin 1967

WALTER DE GRUYTER & CO.

vormals G. J. Göschen'sche Verlagshandlung · J. Guttentag, Verlagsbuchhandlung
Georg Reimer · Karl J. Trübner · Veit & Comp.

Archiv-Nr. 27 08 67 3
Satz und Druck: Walter de Gruyter & Co., Berlin 30

INHALTSVERZEICHNIS

Literaturverzeichnis IX

Fundstellenverzeichnis der wichtigsten Gesetze und Verordnungen . XVII

Abkürzungen XIX

Arabische Fachausdrücke im Waqfrecht XX

TEIL I: EINLEITUNG 1

TEIL II: DIE RECHTSORDNUNG DES LIBANON IM OSMANISCHEN REICH 3

TEIL III: DEFINITION DES WAQF 5

TEIL IV: GRUNDZÜGE DER ENTWICKLUNG DES WAQFRECHTS 8

1 *Im Osmanischen Reich* 8

2 *Im Libanon zur Zeit des französischen Mandats* 12

3 *In der souveränen libanesischen Republik* . . . 15

TEIL V: DIE ERRICHTUNG DES WAQF 19

1 *Der Stifter* 19

11 Volljährigkeit und Geschäftsfähigkeit 19

12 Staatsangehörigkeit 19

13 Verfügungsbeschränkungen des Stifters. . . . 21

131 Die verheiratete Frau 21

132 Der Schuldner. 21

133 Der Erblasser 21

134 Beschränkungen durch Gesetz vom 10. 3. 1947 22

2 *Die Begünstigten*. 24

21 Natürliche Personen; religiöse und wohltätige Einrichtungen; Gegenstände des öffentlichen Nutzens 24

22 Harmonisierung von Waqfrecht und Erbrecht nach dem Gesetz vom 10. 3. 1947 25

3 *Das gestiftete Gut* 26

4 *Der Zweck der Stiftung* 28

5 *Die Form der Stiftung* 29
51 Die Erklärung des Stifters 29
52 Die Eintragung des waqf im Grundbuch . . . 29
53 Der Scheinprozeß 30
54 Die Stiftungsurkunde 30
55 Die Annahme des Begünstigten und Übergabe 34

TEIL VI: DIE WIRKUNGEN DER ERRICHTUNG EINES WAQF 35
1 *Wirkungen auf den Stifter* 35
11 Verbleibende Befugnisse des Stifters 35
12 Der waqf als juristische Person 35
13 Der Verbleib des Eigentumsrechts 37
2 *Wirkungen auf das gestiftete Gut* 39
21 Grundsatz der Unveräußerbarkeit 39
22 Gesetzliche Durchbrechungen dieses Grundsatzes 39
221 Gutgläubiger Erwerb 40
222 Ersitzung 40
223 Tausch (istibdāl) 42
23 Faktische Durchbrechung dieses Grundsatzes: Die langfristige Vermietung 44
231 Die kurzfristige Vermietung 45
232 Die langfristige Vermietung 46
2321 Idjaratayn 47
2322 Muqāṭaʿa 49
2323 Hikr 49
2324 Waqf ʿādī 50
233 Reformen des libanesischen Gesetzgebers . . . 51
3 *Wirkungen auf die Begünstigten* 53
31 Das Nutzungsrecht der Begünstigten: Inhalt, Anfall und Umfang 53
32 Die Bestimmung der Begünstigten und ihrer Anteile 55

TEIL VII: DIE VERWALTUNG DES WAQF 59
1 *Der mutawallī* 59
2 *Die Zentralverwaltung der sunnitischen awqāf* . . 63
21 Im Osmanischen Reich 63
22 Im Libanon während des französischen Mandats 65
23 Im souveränen Libanon 69
3 *Der Finanzhaushalt der sunnitischen Waqfverwaltung* 72

4 *Die Verwaltung der schi'itischen awqāf* 75
5 *Die Verwaltung der drusischen awqāf* 77

TEIL VIII: GERICHTSBARKEIT IN WAQF-ANGELEGENHEITEN 78
1 *Die Aufgaben des qāḍi* 78
2 *Die Gerichtsverfassung* 79
21 Die sunnitischen Gerichte. 79
22 Die schi'itischen Gerichte 81
23 Die drusischen Gerichte 82
24 Die Konfliktsgerichtsbarkeit 83

TEIL IX: TEILUNG UND BEENDIGUNG DES WAQF. . . 83
1 *Die Teilung des waqf*. 83
11 Die dogmatische Zulässigkeit der Teilung. . . 83
12 Das Teilungsverfahren 84
2 *Die Beendigung des waqf* 85
21 Glaubensabfall des Stifters 85
22 Gesetzwidriges Zustandekommen 85
23 Gegenstandslosigkeit. 86
24 Wirtschaftlicher Verfall. 86
25 Besteuerung 87

TEIL X: DIE STIFTUNGEN DER CHRISTLICHEN RELIGIONSGEMEINSCHAFTEN 87
1 *Das Waqfrecht der „dhimmī" und der „milla" im Osmanischen Reich* 87
2 *Das Waqfrecht der christlichen „Communautés" in der libanesischen Republik* 90
3 *Die Verwaltung christlicher Stiftungen* 96
31 Die griechisch-orthodoxe communauté 96
32 Die maronitische communauté 98

TEIL XI: ZUSAMMENFASSENDE WERTUNG 98

ANHANG Nr. 1: LOI DU 10 MARS 1947 SUR LES WAKFS ZURRI 102

ANHANG Nr. 2: Gesetzesverordnung Nr. 18 vom 13. Januar 1955 DAS AMT DES MUFTI UND DIE ISLAMISCHEN AWQA 109

LITERATURVERZEICHNIS

A. Einzelschriften

Amory, P.	Le Régime administratif au Liban avant et depuis l'institution du Mandat international de la France sur ce territoire, Lyon 1934.
Anderson, J. N. D.	Islamic Law in the modern world, New York 1959.
—	Recent Developments in Sharī'a Law IX — The Waqf System —, in: The Muslim World, Band XLII, 1952, S. 257ff.
—	The Personal Law of the Druze Community, in: Die Welt des Islam, N. S., Band II, 1953, S. 1—9 und 83—94.
Aouad, I.	Le Droit Privé des Maronites aux temps des Emirs Chihab (1679—1841), Paris 1933.
—	L'Attachement du Peuple Maronite au Statut Personnel de sa Communauté, in: Récueil d'Etudes en l'honneur d'Edouard Lambert, Band II, § 115, S. 648ff.
Arin, F.	Essai sur les démembrements de la propriété foncière en droit musulman, in: Revue du Monde Musulman, Band XXVII, 1914, S. 277ff.
Baz, J.	Essai sur la fraude à la loi en droit musulman, Paris 1938.
Becker, C. H.	Islamstudien, Band I, Berlin 1924.
—	Zur Entstehung der Waqfinstitution, in: Der Islam, Band II, S. 404—405.
Belin, M.	Etude sur la Propriété Foncière, in: Journal Asiatique, 5. Serie, Band XVIII, 1861, S. 390—431 und 477—517; Band XIX, 1862, S. 152—212.
Berg, L. W. C. v. d.	Principes du droit musulman selon les rites d'Abou Hanifah et de Chafi'i, Algier 1896.

Bergsträsser, G. (Hrsg. J. Schacht) — Grundzüge des islamischen Rechts, Berlin 1935.

Bestawros, G. — Code civil égyptien annoté, 2 Bände, Paris 1929/31.

Bousquet, G. H. — Du droit musulman et de son application effective dans le monde, Algier 1949.

Busson de Janssens, G. — Les Wakfs dans l'Islam Contemporain, in: Revue des Etudes Islamiques, 1951 S. 1—72; 1953 S. 43—76.

Cahen, Cl. — Réflexions sur le waqf ancien, in: Studia Islamica, Band XIV, 1961, S. 37—56.

Cardahi, Ch. — Conflict of Law, in: Law in the Middle East, S. 334ff.

— La conception et la pratique du droit international privé dans l'Islam, Paris 1938.

— Le mandat de la France sur la Syrie et le Liban, Paris 1934.

— Le Droit Civil des Pays sous Mandat Français dans le Proche Orient dans ses rapports avec la législation religieuse, in: Revue de Droit International Privé, 1933, S. 443—474.

— Droit occidental et statut personnel musulman, in: Receuil d'Etudes en l'honneur d'Edouard Lambert, Band II, § 112, S. 604ff.

Cattala, P. und Gervais, A. — Le Droit Libanais, 2 Bände, Paris 1963.

Cattan, H. — The Law of Waqf, in: Law in the Middle East, S. 203—222.

Chaoui, J. — Le régime foncier en Syrie, Aix-en-Provence, 1928.

Chiha, N. H. — Traité de la propriété immobilière en droit ottoman, Kairo 1906

Clavel, E. — Droit musulman du statut personnel et des successions, 2 Bände, Paris 1895.

Cotta, A. — Le régime du wakf en Egypte, Paris 1926.

Coulson, N. J. — A History of Islamic Law, Edinburg 1964

Dib, P. — Essai sur une théorie des mobiles en droit civil hanéfite, Beirut 1952.

Emilia, A. d' — Intorno alla moderna attività legislativa di alcuni paesi musulmani nel cam-

po del diritto privato,
in: Oriente Moderno, 1953 S. 301—321.

Engelhardt, E. — La Turquie et le tanzimat ou Histoire des réformes dans l'Empire Ottoman, 2 Bände, Paris 1882/84.

Farhat, A. — La condition des étrangers au Liban, in: Revue Judiciaire Libanaise, 1957, Doctrine, S. 30—39.

Fattal, A. — Le Statut Légal des Non-Musulmans en Pays d'Islam, Beirut 1958.

Fyzee, A. A. A. — Outlines of Muhammadan Law, 2. Aufl., London 1955.

Gannagé, P. — L'évolution de la législation du statut personnel au Liban et ses dangers, in: Revue égyptienne de droit international, 1952, S. 60—71.

— — La compétence des juridictions confessionelles au Liban et en Syrie, in: Université St. Joseph de Beyrouth, Annales de la faculté de droit, 1948, Nr. 1—2, S. 199—247.

Gatteschi, D. — Real property, mortgage and wakf according to Ottoman law, London 1884.

Gibb, H. A. R. — Modern Trends in Islam, Chicago 1951.

Gibb, H. A. R. und Bowen, H. — Islamic Society and the West, Band I Teil 2, London 1947.

Hatem, Ch. — Al-waqf (durūs fil-waqf) (Der Waqf [Waqfstudien]), Beirut, ohne Datum.

Heffening, W. — Waḳf, in: Enzyklopädie des Islam, Band IV, S. 1187ff.

Heidborn, A. — Manuel de droit public et administratif de l'Empire ottoman, 2 Bände, Wien/Leipzig 1908.

Hilmi, O. — The laws of efqaf (A gift to posterity on), Übersetzung von Tyser und Demetriadis, 2. Aufl., Nicosia 1922.

Hitti, Ph. — Lebanon in History, London 1957.

Jäschke, G. — Der Islam in der neuen Türkei, in: Die Welt des Islam, NS Nr. 1, S. 1—174.

Jungwirth, W. — Einiges vom islamischen Recht und von seiner Entwicklung unter dem Einfluß der modernen Industrie- und Verkehrswirtschaft, in: Juristische Blätter (Wien), 1958, 3. Teil, S. 618ff.

Juynboll, Th. W. — Handbuch des islamischen Gesetzes, Leiden/Leipzig, S. 1910.

Kabalan, H. — La Condition juridique du Wakf, in: Revue Judiciaire Libanaise, 1946, Doctrine, S. 1—9.

Kadri Pacha, M. — Code annoté du Wakf, Alexandria 1942.

Kewenig, W. A. — Die Koexistenz der Religionsgemeinschaften im Libanon, Berlin 1964

El-Khazen, Ph. — Perpétuelle Indépendance législative et judiciaire du Liban depuis la Conquête Ottomane en 1516, Kairo 1910.

Kilbourne, M. — The Greek Orthodox Community of Syria and Lebanon in the Twentieth Century, Diss., Beirut 1952.

Kramers, J. H. — Tanẓīmāt, in: Enzyklopädie des Islam, Band IV, S. 710ff.

Krcsmárik, J. — Das Wakfrecht vom Standpunkte der Šarī'atrechts nach der hanefitischen Schule, in: Zeitschrift der Deutschen Morgenländischen Gesellschaft, Band 45, 1891, S. 511—576.

Kruse, H. — Islamische Völkerrechtslehre, Diss., Göttingen 1953.

Longrigg, St. H. — Syria and Lebanon under French Mandate, Oxford 1958.

Maḥmaṣṣānī, S. — Al-awḍā' al-tashri'iyya fi-l-duwal al-'arabiyya (Legal Systems in the Arab States), Beirut 1957.

— Al-mubārī al-shar'iyya (Cours de droit musulman), Beirut 1954.

— Muslims: Decadence and Renaissance — Adaptation of Islamic Jurisprudence to modern social needs, in: Muslim World, Band 44, 1954, S. 186ff.

Mercier, E. — Le hobous ou ouakouf, Algier, ohne Datum (Extrait de la Revue algérienne et tunisienne de législation et de jurisprudence).

Milliot, L.	Introduction à l'étude du droit musulman, Paris 1953.
Morawitz, Ch.	Les finances de la Turquie, Paris 1902.
Al-Moutabassir	Les Habous de Tanger, in: Revue du Monde Musulman, Band I, 1907, S. 325—342.
Ohsson, M. d'	Tableau Général de l'Empire Othoman — La Législation Mahométane —, 5 Bände, Paris 1788.
O'Zoux, R.	Les états du levant sous mandat français, Paris 1931.
Padel, W. und Steeg, L.	De la Législation Foncière Ottomane, Paris 1904.
Querry, A.	Droit musulman — Recueil des lois concernant les musulmans schyites —, 2 Bände, Paris 1871/72.
Rabbath, E.	L'évolution politique de la Syrie sous mandat, Paris 1928.
Ramadan, S.	Islamic Law, London/Genf 1961.
Rondot, P.	Les institutions politiques du Liban, Paris 1947.
Sachau, E.	Muhammedanisches Recht nach schafiitischer Lehre, Stuttgart/Berlin 1897.
Santillana, D.	Istituzioni di diritto musulmano malichita, 2 Bände, 2. Aufl., Rom 1938/43.
Sékaly, A.	Le problème des Wakfs en Egypte, in: Revue des Etudes Islamiques, 1929, S. 75—126, 277—337, 395—454, 601 — 659.
Schacht, J.	Early Doctrines on Waqf, in: Mélanges Köprülü, Istanbul 1953, S. 443—452.
—	The Schools of Law and Later Developments of Jurisprudence, in: Law in the Middle East, S. 57—84.
—	Šar'īa und Qanūn im modernen Ägypten, in: Der Islam, Band 20, 1932, S. 209ff.
—	Problems of Modern Islamic Legislation, in: Studia Islamica, Heft XII, S. 99ff.
Tabbah, B.	Propriété Privée et Registre Foncier, 2 Bände, Band I erschienen als Bd. 46 der Bibliothèque de l'Institut de Droit Comparé de Lyon, Paris 1947.
Tabbarah, B. B.	Les forces politiques actuelles au Liban, Diss., Grenoble 1954.

Tornauw, N. v. — Das Eigentumsrecht nach moslemischem Rechte,
Zeitschrift der deutschen morgenländischen Gesellschaft, Band 36, 1882, S. 285—338.

Tyan, E. — Histoire de l'organisation judiciaire en pays d'islam,
2 Bände, Paris 1938/43.

— Judicial Organization,
in: Law in the Middle East, S. 236ff.

— Notes sommaires sur le nouveau régime successoral au Liban,
in: Université St. Joseph de Beyrouth, Annales de la Faculté de Droit et des Sciences Economiques, Paris 1960.

Vesey-Fitzgerald, S. — Nature and Sources of the Sharī'a,
in: Law in the Middle East, S. 85ff.

Yakan, Z. — Qanūn al-waqf al-dhurrī wa maṣādiruhu al-shar'iyya fī lubnān
(Das Familienwaqfgesetz und seine sharī'arechtlichen Quellen),
Beirut 1947.

— Aḥkām al-waqf (Waqfrecht),
Beirut 1961.

Young, G. — Corps de Droit Ottoman,
7 Bände, Oxford 1905.

B. Sammelwerke

Enzyklopädie des Islam,
1. Aufl., 4 Bände, Leiden 1913—1934,
Ergänzungsband Leiden 1938;
2. Aufl. Leiden 1960 —

Law in the Middle East,
Band I: Origin and Development of Islamic Law,
Washington 1955.

C. Offizielle Veröffentlichungen, Sammlungen und Zeitschriften

Recueil des Arrêtés et Décisions du Grand Liban
24. 10. 1918—23. 5. 1926,
Beirut 1924—27.

Recueil des actes administratifs du Haut Commissariat, 1919—1932, herausgegeben vom Haut Commissariat de la République Française en Syrie et au Liban,
Beirut 1921—1932.

Bulletin Officiel des Actes Administratifs du Haut Commissariat, 1922—1944,
herausgegeben vom Haut Commissariat de la République Française en Syrie et au Liban,
Beirut 1922—1944.

La Syrie et le Liban sous l'occupation et le mandat français, 1919—1927, herausgegeben vom Haut Commissariat,
Nancy/Paris 1928.

République Française, Ministère des Affaires Etrangères:
Rapport sur la situation de la Syrie et du Liban (1923/24—1938),
Genf, Völkerbund, 1924;
Paris 1923/24, 1925—1938.

Journal Officiel de la République Libanaise,
Beirut,
1922—1943 in französich und arabisch,
ab 1943 nur in arabisch als
al-djarīda al-rasmiyya lil-djumhūriyya al-lubnāniyya.

Repertoire de Jurisprudence Libanaise
(Juridictions mixtes 1924—1946),
2 Bände, herausgegeben vom Ministère de la Justice,
Beirut, 1947.

Al-nashra al-qaḍā'iyya al-lubnāniyya
(Revue Judiciaire Libanaise),
herausgegeben vom Ministère de la Justice, Beirut, ab Januar 1945. Arabisch, mit einigen Beiträgen in französischer Sprache.

Bulletin de Législation Libanaise,
Beirut, ab 1954
(nichtamtliche Veröffentlichung der wichtigsten libanesischen Gesetze und Verordnungen in französischer Übersetzung).

Generaldirektion der islamischen awqāf, Beirut:
madjmū'a qawānīn
(Gesetzessammlung),
Beirut, 15. 1. 1959 und 16. 7. 1959.

Griechisch-orthodoxes Patriarchat in Antiochien:
qawānīn al-madjālis al-milliyya, al-adyira wa-l-awqāf
(Gesetze über die Gemeinderäte, über die Klöster und awqāf)
vom 18./19. 11. 1955;
al-qanūn al-asāsī
(Grundgesetz)
vom 18./19. 11. 1955.

FUNDSTELLENVERZEICHNIS DER WICHTIGSTEN GESETZE UND VERORDNUNGEN

RecADGrL	=	Receuil des Arrêtés et Décisions du Grand Liban
RecAAHC	=	Receuil des Actes Administratifs du Haut Commissariat
BullOffHC	=	Bulletin Officiel des Actes Administratifs du Haut Commissariat
JO	=	Journal Officiel de la République Libanaise (bis 1943)
DjRasm	=	al-djarīda al-rasmiyya lil djumhūriyya al-lubnāniyya (ab 1943)
BLL	=	Bulletin de Législation Libanaise
OM	=	Oriente Moderno

Arr. Nr. 753	2. 3. 1921 (betr. Errichtung des Contrôle Général des Wakfs Musulmans) RecAAHC 1921 Bd II S. 53ff.
Arr. Nr. 1003	7. 12. 1921 Portant abrogation de l'article 156 de la loi du 25 Octobre 1333 sur le droit de famille RecADGrL Bd 1920/23 S. 79.
Arr. Nr. 1329	20. 3. 1922 Portant modification au décret-loi du 25. 2. 1328 sur les hypothèques et réorganisation du régime hypothéquaire RecAAHC 1922 S. 233ff.
Mandat	für Syrien und den Libanon vom 24. 7. 1922 Völkerbund, Genf, 12. 8. 1922 C. 528. M. 313. 1922. VI.
Arr. Nr. 2547	7. 4. 1924 sur l'acquisition et la possession des biens immeubles par les personnes morales RecAAHC 1924 S. 168ff.
Arr. Nr. 3503	Reconnaissant aux musulmanes chiites le droit d'être jugés en matière de statut personnel RecADGrL Section II Bd II S. 252.
Arr. Nr. 79	RecAAHC 1926, VII, S. 35ff.
Arr. Nr. 80	29. 1. 1926 (betr. istibdāl) RecAAHC 1926, VII, S. 37ff.
Loi libanaise	relative au testament des Libanais non Musulmans, 7. 3. 1929, JO Nr. 2221, 1929 S. 2ff.
Décret-loi Nr. 6	sur l'organisation judiciaire 3. 2. 1930, JO Nr. 2302 S. 2ff.
Arr. Nr. 3339	„Code de la Propriété", règlementant la propriété foncière et les droits réels immobiliers 12. 11. 1930, RecAAHC 1930 Bd XI S. 57ff.

Loi Libanaise	relative à la compétence des juridictions du statut personnel des musulmans et des druzes 9. 12. 1930, JO Nr. 1435 S. 3ff.
Décision Nr. 10	portant réorganisation du contrôle et de l'administration des Wakfs Musulmans dans les Etats du Mandat, 27. 12. 1930, RecAAHC 1931 Bd XII, S. 84ff.
Arr. Nr. 157/i	portant approbation de la Décision Nr. 10 16. 12. 1931, RecAAHC 1931 Bd XII S. 83f.
Décision Nr. 3	portant règlementation de l'istibdal des immeubles wakfs, 22. 12. 1930, RecAAHC 1931 Bd XII S. 74ff.
Arr. Nr. 156/i	portant approbation de la Décision Nr. 3 16. 12. 1931, RecAAHC 1931 Bd XII S. 74.
Code des Obligations et des Contrats	9. 3. 1932, JO 1932, Supplément zu Nr. 2642.
Arr. Nr. 60/LR	fixant le statut des communautés religieuses, 13. 3. 1936, BullOffHC, S. 170ff.; OM 1936 S. 302ff.
Arr. Nr. 146/LR	modifiant et complétant l'arr. Nr. 60/LR 18. 11. 1938, BullOffHC, S. 280ff.
Décret législatif Nr. 241/NI	(betr. islamische Gerichtsbarkeit) 4. 11. 1942, JO 1942, Supplément zu Nr. 4050.
Loi	sur les wakfs zurri 10. 3. 1947, DjRasm Nr. 11/1947 S. 178ff.; BLL Nr. 20/1955 S. 22ff.
Décret législatif Nr. 10264	(betr. Einrichtung eines Sondergerichts für die Liquidierung von awqāf) 22. 10. 1947, DjRasm 1947 Nr. 44 S. 634f.
Loi	(betr. Personalstatut der drusischen Religionsgemeinschaft) 24. 2. 1948, DjRasm Nr. 9 v. 3. 3. 1948, S. 163ff.
Loi	sur les statut personnel des communautés non musulmanes 2. 4. 1951, DjRasm Nr. 15/1951 v. 11. 4. 1951; BLL Nr. 18/1955 S. 16ff.; OM 1956 Bd 36 S. 14ff.
Décret législatif Nr. 18	betr. iftā' und islamische awqāf 13. 1. 1955, DjRasm 1955 S. 174ff.
Loi	relative à la succession des non-musulmans, 23. 6. 1959, DjRasm Nr. 31/59, S. 730ff.; BLL Nr. 13/59 S. 8ff.

ABKÜRZUNGEN

CdApp.	Cour d'Appel
CdCass.	Cour de Cassation
CO	Code des Obligations
CP	Code de la Propriété (Arr. Nr. 3339)
EI	Enzyklopädie des Islam
N. Q.	al-nashra al-qaḍā'iyya
O. M.	Oriente Moderno
Rapport	Rapport sur la situation de la Syrie et du Liban
RepJL	Repertoire de Jurisprudence Libanaise

ARABISCHE FACHAUSDRÜCKE IM WAQFRECHT

awqāf	Plural von waqf.
— ʿādiyya (waqf ʿādī)	Sog. gewohnheitsmäßige im Gegensatz zu gesetzmäßigen Stiftungen.
— ahliyya (waqf ahlī)	Familienstiftungen; Synonym für awqāf dhurriyya.
— dhurriyya (waqf dhurrī)	Familienstiftungen.
— ghayrī saḥīḥa	Uneigentliche im Gegensatz zu eigentlichen Stiftungen (awqāf saḥīḥa).
— ghayrī maḍbūṭa	Synonym für awqāf mulḥaqa.
— khayriyya (waqf khayrī)	Wohltätige Stiftungen.
— maḍbūṭa	Stiftungen, die der Kontrolle der zentralen Waqfverwaltung unterliegen.
— mulḥaqa	Stiftungen, bei denen die zentrale Waqfverwaltung nur auf Wunsch Aufsicht ausübt.
— musaqqafāt	Aus Gebäuden oder städtischen Immobilien errichtete Stiftungen.
— mustaghallāt	Aus landwirtschaftlich nutzbarer Fläche errichtete Stiftungen.
— mustathna	Stiftungen der Kirchen oder Einrichtungen nichtmuslimischer Religionsgemeinschaften, die ohne jede äußere Einmischung verwaltet werden.
— saḥīḥa	Eigentliche, im Einklang mit der sharīʿa errichtete Stiftungen.
bayt al-māl	Fiskus.
efkaf	Türkische Form von awqāf.
evkaf	Dsgl.
ḥabs, ḥubs oder ḥubus	Im Maghreb gebräuchliche Synonyma für waqf.
habous	Französiche Schreibweise von ḥubus.
hobous	Dsgl.
ḥikr	Mietvertragstypus; Merkmal: gleitender Mietzins.
idjāra	Vermietung; Mietzins.
— muʿadjdjala	Mietzinszahlung à fonds perdu (s. idjāratayn).
— muʾadjdjala	Jährliche, geringfügige Mietzinszahlung (s. idjāratayn)).
— ṭawīla	Langfristige Vermietung.
— waḥīda	Einmalige Vermietung.
idjāratayn	(Dual von idjāra). Mietvertragstypus; Merkmal: zwei Arten von Mietzinszahlungen, ein kaufpreisähnlicher Betrag à fonds perdu und eine jährliche, geringfügige Rente.

istibdāl	Tausch.
maḍbūṭa	S. awqāf.
manfa'a	Nutzung
mawqūf	Gestiftetes (waqfiertes) Gut.
mazbouté	Französische Schreibweise von maḍbūṭa.
mevcoufé	Türkische Form von mawqūf.
mīrī	Staatseigentum.
muḥāfaẓa	Verwaltungsdistrikt (derer es fünf im Libanon gibt).
mulḥaqa	S. awqāf.
mulk	Privateigentum.
muqāṭa'a	Mietvertragstypus; Merkmal: keine Anzahlung, nur jährliche Rente. Üblich bei awqāf mustaghallāt.
musaqqafāt	S. awqāf.
mustaghallāt	S. awqāf.
mustathna	S. awqāf.
mutaṣarrif	Rechtsinhaber; türkischer Gouverneur.
mutaṣarrifiyya	Türkische Provinz.
mutawallī	Verwalter eines waqf.
nāẓir	Aufseher bei größeren Stiftungen; in Ägypten auch Bezeichnung für mutawallī.
ouakouf	Französiche Schreibweise von awqāf.
qurba	Gottgefälliger Zweck der Stiftung.
qaḍā'	Verwaltungseinheit innerhalb einer muḥāfaẓa (Distrikt).
raqaba	Bloßes Eigentumsrecht (zusammen mit taṣarruf Volleigentum).
taṣarruf	Nutzungs-, Verfügungsrecht; speziell Besitz- und Nutznießungsrecht an waqfierten Immobilien.
tessarouf	Französische Schreibweise von taṣarruf.
wakfiyeh	Französiche Schreibweise von waqfiyya.
waqfiyya	Stiftungsurkunde.
wāqif	Stifter.
zurri	Französische Schreibweise von dhurrī.

I. Teil

EINLEITUNG

Das Thema „Waqfrecht" bietet sich einer Bearbeitung unter mannigfachen Aspekten an. Angesichts der stets aktuellen Bestrebungen in islamischen Staaten[1], das Waqfrecht zu reformieren, könnte der historische Bezug akzentuiert werden, um aus der frühislamischen Lehre weitere, mögliche Ansatzpunkte für eine moderne Waqfgesetzgebung zu gewinnen[2]. Gleichfalls unter historischen Gesichtspunkten könnten die Untersuchungen über die Verwandtschaft des waqf mit dem römischrechtlichen fideicommissum[3] in neuer Erkenntnis der Tatsache vertieft werden, daß der waqf als Institution sui generis eine ureigene Schöpfung des islamischen Rechts ist[4]. Im Sinne einer mehr kulturhistorischen Analyse wäre eine Studie über die oft nicht voll gewürdigte Bedeutung der Stiftungen für die wirtschaftliche und damit auch politische Entwicklung des Orients von Interesse. Und schließlich erfordert der Umstand, daß sich viele Kritiker in der Verurteilung des waqf als einer obsoleten Institution einig sind, eine Art Bestandsaufnahme, wie weit sich der waqf in modernen Staaten in die verschiedenen Rechtsbereiche integrieren läßt, ohne zugleich völlig ausgehöhlt und seines eigentlichen Inhalts beraubt zu werden.

Die letzte Aufgabe hat sich die vorliegende Arbeit gestellt, da bisher noch nicht der Versuch unternommen wurde, die Verzahnung des Waqfwesens mit dem modernen Zivilrecht[5] europäischen

[1] Gibb, Modern Trends, S. 90.

[2] Zum frühislamischen Waqfrecht siehe Schacht, Early Doctrines, und Cahen, Réflexions sur le waqf ancien.

[3] Siehe dazu Cattan, S. 212ff.

[4] Cahen, a. a. O., S. 52.

[5] Dabei kann die Frage unberücksichtigt bleiben, ob das Waqfrecht zum Realstatut (so Kabalan S. 1ff.; Cardahi, Droit occidental, S. 604ff.; Bestawros, Art. 4 Nr. 92 und die h. M.) oder zum Personalstatut, i. e. die Gesamtheit der Normen, die die vom Volksbewußtsein mit der Religion in engen Zusammenhang gebrachten Fragen regeln, gehört. Bei einem so der Wandlung unterworfenen Begriff wie dem des Volksbewußtseins ist eine starre rechtsdogmatische Festlegung nicht möglich: die Entscheidung wird jeweils von der allgemeinen Überzeugung bzw. von den diese widerspiegelnden Gesetzen getroffen.

Ursprungs auf verschiedenen Rechtsgebieten geschlossen darzustellen.

Die Kritik im Bereich des Waqfrechts richtet sich einmal gegen die Methoden, mit denen eine Institution des traditionellen islamischen Rechts den Forderungen einer sich ändernden, zumeist schon veränderten Welt angepaßt werden soll. Zum anderen hat sie zum Ziel, den waqf und insbesondere den waqf dhurrī als angeblich überholte Einrichtung vollständig abzuschaffen oder zumindest so weitgehend zu säkularisieren, daß vom einstigen waqf nur noch der Name übrigbleibt[1]. Die Kritik an der Methode soll hier durchaus aufgenommen werden[2]. Der Forderung hingegen, den waqf als obsolet völlig abzuschaffen, wird sich diese Arbeit nicht anschließen. Sie wird im Gegenteil versuchen, den Nachweis zu ermöglichen, daß die Institution des waqf auch heute noch lebensfähig ist und wertvolle Dienste zu leisten vermag.

Als beispielhafter Staat bot sich der Libanon an[3], in dem vor allem eine vorbildliche zentrale Waqfverwaltung der Sunniten verdeutlicht, für welche wichtigen religiösen und sozialen Aufgaben die Stiftungen eingesetzt werden können. Zugleich wird im Libanon, der bei aller Streitigkeit des zahlenmäßigen Verhältnisses zwischen Muslimen und Christen jedenfalls keine starke Mehrheit der muslimischen Bevölkerung kennt und in dem sich sogar die christlichen Religionsgemeinschaften des waqf bedienen, die Wandlungs- und Anpassungsfähigkeit des waqf in besonderem Maße veranschaulicht.

Die Akzentuierung des Rechts der Gegenwart bedingt die Berücksichtigung der neueren Literatur und Rechtsprechung. Das klassische Waqfrecht mit seiner schier unerschöpflichen Kasuistik ist deshalb in die Darstellung nicht in ganzer Breite einzubeziehen. Die hierzu erschienene umfangreiche Literatur sowie die Sammlungen früherer, vornehmlich ägyptischer Judikatur[4], erübrigen eine umfassende Übersicht ohnehin. Dennoch wird es bei der Behandlung des geltenden Waqfrechts unerläßlich sein, die wichtigsten Vorschriften der sharī'a anzuführen oder an ihnen die Veränderungen zu messen.

---

[1] Vgl. Gannagé, La compétence, S. 208.

[2] Siehe unten S. 18.

[3] So auch Jungwirth (S. 622), allerdings mit der unzutreffenden und auch unverständlichen Begründung, der Conseil d'Etat könne obsolet gewordene „waqfs", die dreißig Jahre nicht mehr dem ursprünglichen Zweck dienen, auflösen.

[4] Die von ägyptischen Gerichten erarbeiteten Prinzipien müssen auch im Libanon im Bereich der sharī'a „par identité des motifs" berücksichtigt werden (CdApp. mixte Nr. 3 vom 6. 1. 1933 in RepJL S. 838).

Die Arbeit wird sich vor allem auf die seit 1919 erlassenen Gesetze und Dekrete sowie auf bisher noch kaum verwertete Entscheidungen libanesischer Gerichte stützen[1]. Mit dem Jahr 1919, dem Zeitpunkt der Begründung des französischen Mandats, beginnt die Moderne im Libanon: nunmehr ungehindert, können europäische Anschauungen und Ideen Eingang und in neuen legislativen Maßnahmen Ausdruck finden. Ohne den gewohnten Schutz des theokratischen Osmanischen Reichs muß sich die islamische Tradition behaupten.

Eine verständige Würdigung der gesetzgeberischen Maßnahmen seit 1919 wäre jedoch unmöglich, wenn nicht die Ausgangssituation, die Verhältnisse im Osmanischen Reich und die ersten Reformbestrebungen, geschildert würden. Dieses Erfordernis begegnet Schwierigkeiten. Weder glaube ich darauf verzichten zu können, die Entwicklung in ihren zusammenhängenden Grundzügen darzustellen, und zwar für die Zeit nicht nur des Osmanischen Reichs, sondern auch des französischen Mandats und der nachfolgenden Jahre (Teil IV, 1—3); noch darf bei Detailfragen in den Teilen V—X unterlassen werden, auf wichtige, vorhergehende Regelungen und Vorschriften einzugehen. Überschneidungen werden sich folglich nicht immer vermeiden lassen. Auch bei der Definition des waqf (Teil III) wird die Ausgangssituation, nämlich der von der osmanischen Übung geformte waqf, berücksichtigt werden müssen.

Noch einleitend wird im folgenden Teil II die einstige Zugehörigkeit des Libanon zum Osmanischen Reich und damit zum osmanisch-hanefitischen Rechtskreis dargestellt. Der kurze rechtshistorische Überblick ist schon deshalb erforderlich, weil der Libanon Jahrhunderte hindurch keine rechtliche Einheit gebildet hat.

II. Teil

DIE RECHTSORDNUNG DES LIBANON IM OSMANISCHEN REICH

Bereits im Jahre 1516, nach dem Sieg Sultan Selims über die Mamluken, war der Libanon dem Osmanischen Reich einverleibt worden. Die neugewonnene Oberhoheit wurde jedoch nur sehr locker ausgeübt. Zwar war der gesamte syrisch-libanesische Raum in zwei Provinzen (wilajet) mit Damaskus und Tripolis als Hauptstädten aufgeteilt worden, doch wurden zugleich die libanesischen Fürsten in ihren Lehen bestätigt. Sie erhielten dieselbe Autonomie

---

[1] Seit 1945 veröffentlicht in al-nashra al-qaḍā'iyya (N. Q.).

eingeräumt, die sie unter den Mamluken genossen hatten, und blieben in ihrer Verwaltung und der Ausübung der Gerichtsbarkeit unabhängig.

Zugleich mit der Begründung ihrer politischen Herrschaft führten die Osmanen in den eroberten Gebieten den von ihnen bevorzugten hanefitischen Ritus ein[1]. Dieser galt dann wohl im Norden und Süden des heutigen Staates Libanon, nicht jedoch im bergigen Mittelteil, dem Mont Liban, wo sich dank der den Fürsten eingeräumten Autonomie der regulative Einfluß der Hohen Pforte über drei Jahrhunderte lang kaum bemerkbar machte. Hier hatte sich im Laufe der Zeit zwischen den am stärksten vertretenen Maroniten und Drusen eine Symbiose eingespielt[2], die bei gegenseitiger Anerkennung im Inneren der Gemeinschaft eine freie Entfaltung ermöglichte. In den maronitischen Gemeinden waren in Fragen des Zivilrechts die Geistlichen von alters her die natürlichen Richter ihrer Gläubigen[3]. Anwendung fand römisches Recht, das mit alten aramäischen Bräuchen versetzt war[4]. Erst zu Beginn des 19. Jahrhunderts führte Emir Bechir II (aus dem Hause Shihāb, 1788 — 1844) geschriebene Gesetze und sharī'arechtliche Vorschriften nicht nur bei den Drusen, wo sie bereits stark verbreitet waren, sondern auch bei den Maroniten ein. Er ernannte je einen Richter für Christen und Drusen, die ihre Entscheidungen nach der sharī'a, soweit diese mit dem örtlichen Gewohnheitsrecht nicht in Widerspruch stand, auszurichten hatten[5]. Dies galt auch für das Waqfrecht: bis zum Ende der Epoche Shihāb (1841) hatte Kapitel XXIV des Abrégé du Droit Erzbischofs Carali Anwendung gefunden. Dann wurde gleichzeitig neben maronitischem Recht auch islamisches angewendet. Doch auch zuvor bereits hatten maronitische Richter nicht gezögert, sich der sharī'a zu bedienen, wenn mit maronitischem Recht eine Frage nicht gelöst werden konnte[6].

Die nur nominelle Oberhoheit des Osmanischen Reiches endete 1842, als das Règlement des Schekib Effendi den Libanon in zwei Kaimakamate[7] teilte, die dem türkischen Gouverneur von Saida

---

[1] Hitti S. 359.

[2] Rondot S. 43ff.

[3] Rondot S. 60.

[4] Aouad, Droit Privé, S. 197; El-Khazen S. 5. Durch eine Erklärung des Patriarchen und der Erzbischöfe vom 19. 7. 1744 (Aouad, a. a. O., Anhang Nr. 11, S. 309) galt als verbindlicher Text der Abrégé du Droit des Erzbischofs Carali, eine Sammlung des derzeit geltenden Rechts. Dieser Abrégé war nicht nur bei den Maroniten, sondern auch bei allen anderen christlichen Religionsgemeinschaften in Kraft (Aouad, a. a. O., S. 59.).

[5] Rondot S. 61; El-Khazen S. 5; Aouad, a. a. O., S. 59ff.

[6] Aouad, a. a. O. S. 263.

[7] Verwaltungsbezirk.

unterstanden[1]. Nach den blutigen Unruhen des Jahres 1860, die den Libanon zum Gegenstand der internationalen Politik gemacht hatten, veranlaßten die maßgebenden europäischen Mächte die Hohe Pforte zum Règlement Organique vom 9. 6. 1861, durch das der Libanon zu einer autonomen mutaṣarrifiyya[2] unter einem von der Pforte ernannten mutaṣarrif (Generalgouverneur) christlicher Konfession wurde. Die mutaṣarrifiyya umfaßte jedoch nicht mehr die Gebiete, über die einst die libanesischen Fürstenhäuser Ma'n und Shihāb geherrscht hatten, sondern war beschränkt auf die heutige muḥāfaẓa (Verwaltungsdistrikt) Berg Libanon (Mont Liban), immer noch vornehmlich von Maroniten und Drusen bewohnt. Weder die fruchtbare Hochebene im Osten, die Biqā', noch Beirut, Tripolis und Saida, die unter direkter Verwaltung standen, gehörten dazu. Der mutaṣarrif war der Pforte unmittelbar verantwortlich; er ernannte Richter, vollstreckte Urteile und hielt Ordnung und Sicherheit aufrecht[3].

Das die „klein"libanesische Autonomie anerkennende Règlement von 1861 erhielt mit Zustimmung der Signatarmächte endgültige Fassung durch das Règlement Organique vom 6. 9. 1864[4]. Darin wurde dem Libanon eine besondere Gerichtsverfassung zugestanden, die jedoch nicht von langer Gültigkeit war. Aus eigener Machtvollkommenheit und ohne die erforderliche Zustimmung der Mächte ersetzte der Gouverneur Wassa Pacha die in den Art. 7 und 8 niedergelegte libanesische Gerichtsverfassung durch jene, die im Osmanischen Reich durch Règlement vom 5./17. Juni 1879[5] eingeführt war. Das hatte zur Folge, daß das bis dahin im Berg Libanon angewandte Recht durch osmanisches ersetzt und somit für das gesamte Gebiet der heutigen Republik Libanon eine einheitliche Rechtsordnung hergestellt wurde.

III. Teil

DEFINITION DES WAQF

„Waqf" (oder „ḥabs"[6]), ein arabischer Infinitiv, bedeutet „fernhalten", „hindern" und in der islamischen Rechtsterminologie

---

[1] Amory, S. 12; Young I S. 137.

[2] Selbständige, der Hohen Pforte unmittelbar unterstellte Provinz.

[3] Hitti S. 442.

[4] Young I Text V2 S. 140ff.

[5] Règlement Organique der niẓamiye-Gerichte, bei Young I Text VIII 1 S. 166ff. Zur Frage der Gültigkeit dieser Maßnahmen weiter Young I S. 144 Anm. 15 zu Art. 6.

[6] Im Maghreb in der Form „ḥubus" oder „ḥubs", Plural „aḥbās". Daraus wurde in der französischen Rechtsterminologie „habous".

speziell „eine Sache davor schützen, daran hindern, in das Eigentum eines Dritten überzugehen". Danach wird waqf genannt

1. das Land, das die Muslime mit oder nach der Eroberung erwarben und den vorherigen Eigentümern gegen Zahlung der Grundsteuer (kharadj) besitzweise überließen, ohne daß es verkauft oder belastet werden durfte;
2. landläufig, und im Sinne dieser Arbeit, die frommen oder wohltätigen Stiftungen des islamischen Rechts.

In der sharī'a, dem kanonischen Gesetz des Islam, wird der waqf von den Rechtsschulen verschieden definiert. Nach einer allen Schulen gemeinsamen Definition ist unter waqf (Plural *awqāf*) eine Sache zu verstehen, die bei Erhaltung ihrer Substanz einen Nutzen abwirft und bei welcher der Eigentümer seine Verfügungsgewalt aufgegeben hat mit der Bestimmung, daß ihr Nutzen für erlaubte gute Zwecke verwendet wird[1].

Nach hanefitischer Lehre wird eine solche Stiftung durch Abgabe einer entsprechenden Erklärung des Eigentümers oder durch seine Verfügung von Todes wegen errichtet. Das gestiftete Gut (*al-mawqūf*) scheidet dann aus dem dinglichen Rechtsverkehr aus und kann nicht mehr Gegenstand einer Verfügung sein, also nicht mehr übereignet, vererbt, belastet oder versteigert werden. Diese Widmung muß zeitlich unbegrenzt sein und ist unwiderruflich. Vom Zeitpunkt seiner Errichtung ab wird der waqf von einem *mutawallī* verwaltet, der in seiner Amtsausübung an die in der Stiftungsurkunde (*waqfiyya*) niedergelegten Bestimmungen des Stifters (*wāqif*) gebunden ist. Gegenstand der Stiftung ist regelmäßig eine Immobilie, doch können in Ausnahmefällen auch Mobilien waqfiert werden. Die Stiftung muß einem gottgefälligen Zweck (*qurba*) dienen.

Nach dem Zeitpunkt, zu dem die gottgefällige Zielsetzung verwirklicht wird, unterscheidet man zwischen *awqāf khayriyya* und *awqāf dhurriyya*. Ein waqf ist *khayrī* (wohltätig), wenn seine Erträge von der Errichtung an frommen oder wohltätigen Zwecken bestimmt sind, wie Stiftungen zugunsten religiöser Stätten, der Krankenhäuser, Schulen oder der Armen schlechthin[2]. Er ist *dhurrī* (zur Nachkommenschaft gehörig), wenn der wāqif ihn für seine Nachkommen oder andere Personen, aber auch zu seinem eigenen Vorteil errichtet hat und den waqf erst anschließend für den Fall, daß keiner der bestimmten Begünstigten mehr existiert,

---

[1] Heffening S. 1187.

[2] Vgl. Art. 1 I des libanesischen Gesetzes vom 10. 3. 1947 über die awqāf dhurriyya, Anhang Nr. 1 S. 127.

einem gottgefälligen Zweck dienen läßt[1]. Ein waqf kann gemischt sein, also sowohl khayrī als auch dhurrī, wenn aus den Erträgen vorab festgesetzte Beträge gezahlt werden sollen und erst der Überschuß den persönlich Begünstigten zusteht[2].

Ihrer Natur nach gliedern sich awqāf in

1. solche, deren Nutzen im Gebrauch und nicht im Abwerfen eines Ertrages liegt, wie beispielsweise Moscheen, Krankenhäuser, Schulen usw.;
2. solche, deren Erträge frommen oder wohltätigen Zwecken zukommen. Dazu gehören *awqāf musaqqafāt* und *awqāf mustaghallāt*. Bei ersteren handelt es sich um Gebäude und vornehmlich städtische Immobilien[3], während awqāf mustaghallāt[4] aus landwirtschaftlich nutzbarem Land bestehen.

Als spezifisch islamische Einrichtung unterlag der waqf den Bestimmungen der sharī'a. Dies galt im Osmanischen Reich jedoch nur für die *awqāf ṣaḥīḥa* (eigentliche awqāf), die im Einklang mit der sharī'a gestiftet und vorher reines Privateigentum (*mulk*)[5] gewesen waren. Im Gegensatz dazu standen die *awqāf ghayrī ṣaḥīḥa*[6] (uneigentliche awqāf), die durch das qanūn, das staatlich gesetzte Recht, geregelt wurden. Sie bestanden in einer besonderen Form der Widmung von Grundbesitz der öffentlichen Hand[7] durch den Sultan oder mit seiner Einwilligung. Die in diesen Ländereien gezahlten öffentlichen Abgaben flossen nicht der Staatskasse zu, sondern waren an vom Stifter bestimmte religiöse

---

[1] Ebenda Art. 1 II.

[2] Ebenda Art. 2. Vgl. auch CdCass. in N. Q. 1954 S. 204.

[3] Vom arabischen Verb „saqqafa" = „überdachen" abgeleitet.

[4] Vom arabischen Verb „istaghalla" = „Ernte erhalten" abgeleitet.

[5] Gemäß Art. 1 Z. 1 Code des Terres.

[6] Oft wird synonym mit ghayrī ṣaḥīḥa „*mevkoufé*" (mevcoufé), die türkische Form von mawqūf, verwendet. Nach Art. 4 Code des Terres bedeutet „mevcoufé" waqfiert, gleich ob durch eine eigentliche oder uneigentliche Stiftung. Da die eigentlichen Stiftungen (awqāf ṣaḥīḥa) auch nach Erlaß des Code des Terres ausschließlich der sharī'a unterlagen, bezeichnet der Code im Folgenden mit mevcoufé nur noch die in ihm geregelten uneigentlichen Stiftungen. „Mevcoufé" und „ghairī ṣaḥīḥa" sind deshalb keineswegs Synonyma. Sie entsprechen sich lediglich im Anwendungsbereich des Code des Terres. In der Literatur wird diese Unterscheidung nicht immer respektiert. So heißt es z. B. bei Chīha (S. 49f.; 69f.), daß es sich bei mevoufé-Land um einen Fall der uneigentlichen Stiftung handele. — Für die eigentlichen Stiftungen findet sich im Türkischen auch häufig „Vakouf".

[7] „*Miri*"-Land, Staatseigentum; vgl. Art. 1 Z. 2 Code des Terres. An diesem Land kann wie bei waqfierten Immobilien ein Besitz- und Nutznießungsrecht (taṣarruf) erworben werden.

oder wohltätige Einrichtungen abzuführen[1]. Die Widmung war echt, wenn die Erträge Aufgaben dienten, für die das bayt al-māl (Staatskasse, Fiskus) nicht aufzukommen brauchte. Sie war unecht, wenn jene Aufgaben ohnehin vom bayt al-māl hätten wahrgenommen werden müssen[2].

IV. Teil

GRUNDZÜGE DER ENTWICKLUNG DES WAQFRECHTS

1 *Im Osmanischen Reich*

Die ursprünglich rein karitativ und religiös gebundene Institution des waqf[3] erlebte im Osmanischen Reich einen ungeheuren

[1] Die uneigentlichen awqāf, mit echter oder unechter Zuwendung, teilten sich weiter in drei Gruppen:

a. Domänen, deren Grundzins und Zehnter sowie die bei Übertragung und Vererbung fälligen Abgaben gestiftet waren, während das Eigentum beim bayt al-māl (Fiskus) verblieb. Auf diese awqāf fand das qanūn Anwendung (Art. 4 Abschnitt 2 Code des Terres).

b. Domänen, deren Abgaben der Staatskasse zuflossen, deren Nutznießung und Abgaben bei Übertragung des Nutznießungsrechts einer religiösen oder wohltätigen Einrichtung zustanden.

c. Domänen, deren Grundzins, Zehnter und Nutznießung der Stiftung zustanden.

Die Gruppen b. und c. waren der sharī'a unterworfen (Young VI S. 117).

Diese uneigentlichen Stiftungen waren im Osmanischen Reich sehr zahlreich. Nicht nur die Sultane schufen sie, sondern vor allem die Lehnsherren. Indem sie einen wesentlichen Teil der öffentlichen Abgaben einem frommen Zweck zukommen ließen, jedoch das Recht der Nutznießung sich bzw. anschließend ihrer Familie vorbehielten, schufen sie ihren Nachkommen eine Rente. Da Lehen nicht vererblich waren, bestand in der Errichtung eines solchen waqf die einzige Möglichkeit einer Sicherung des Lehens für die Nachkommenschaft.

[2] Hilmi Art. 138b.

[3] Es muß in diesem Zusammenhang unerörtert bleiben, ob der waqf dhurrī mit seiner Zielsetzung, der Familie des Stifters eine dauerhafte wirtschaftliche Versorgung zu garantieren und sie von Willkürakten freizustellen, eine verfälschte, des ursprünglichen, religiösen Gehalts entkleidete Form des waqf khayrī ist (so die überwiegende Literatur; vgl. auch unten S. 16f), oder ob vielmehr der Familienwaqf die originäre Erscheinungsform ist. So im Anschluß an Schacht (Early Doctrines, S. 447f.) Cl. Cahen, der darauf hinweist, daß zunächst Stiftungen zugunsten öffentlicher Institutionen unbekannt gewesen seien. Bei ihrem späteren Auftreten seien sie in der rechtlichen Behandlung den auch sehr viel häufigeren Familienstiftungen gleichgestellt worden (Réflexions sur le waqf ancien, S. 46—48). — Desgleichen muß hier außer Betracht bleiben, ob der Islam den waqf aus der Rechtsgebarung der eroberten Länder übernommen hat (so Becker, Waqfinstitution, S. 405) oder ob er als eine Institution sui generis eine Schöpfung des islamischen Rechts ist (Cahen, a. a. O., S. 56).

Aufschwung und wurde zu einem Faktor, der zum wirtschaftlichen und politischen Niedergang des Reiches wesentlich beitrug[1].

Die schädlichen Wirkungen der großen Zusammenballungen von Grundbesitz in der Toten Hand zeigten sich auf verschiedenen Gebieten. Da die waqfierten Immobilien nicht belastet werden durften, schieden sie als Kreditsicherungsmittel aus. Um die Jahrhundertwende, als die Neuordnung der Wirtschaft in den führenden europäischen Staaten bereits abgeschlossen war, gehörten im Osmanischen Reich noch drei Viertel des bebauten oder bebaubaren Bodens einem waqf[2], so daß eine nationale Wirtschaftsexpansion weitgehend unterbunden war. Da die frommen Stiftungen nicht zwangsversteigert werden durften, bestand für Schuldner der Anreiz, sich durch Errichtung eines waqf dhurrī einer späteren Vermögenshaftung zu entziehen.

Da die Stiftungen von der Zahlung der Grundsteuer und der Abgaben bei Eigentumswechsel befreit waren, mußte der Staat auf einen Großteil seiner natürlichen Einnahmen verzichten. Weiter wurden ihm durch die zahlreichen, von der kaiserlichen Familie gestifteten awqāf ghayrī ṣaḥīḥa wesentliche Einkünfte entzogen. Nicht zuletzt dadurch erklären sich die andauernden finanziellen Schwierigkeiten des Osmanischen Reichs, die eine wirtschaftliche Stabilisierung stets verhinderten. Die Regierung versuchte zwar in mehrfachen Ansätzen, durch Reformen auf Teilgebieten die schädlichen Auswirkungen der zahllosen Stiftungen einzudämmen; doch zeigte sich dann zumeist der grausame Zyklus, daß man zur Durchführung wirksamer Reformen bedeutender Geldmittel bedurfte, die infolge der katastrophalen Lage nicht vorhanden waren[3].

Die Reformen ließen die Institution des waqf unangetastet. Sie zielten vielmehr auf den Tatbestand ab, daß die Mieter oder Pächter[4] von mevcoufé-Immobilien von deren privilegiertem Status profitierten, ohne daß ihre Interessen über das normale rechtsstaatliche Maß hinaus schutzwürdig waren; denn obwohl ihnen durch die langfristigen Miet- oder Pachtverträge rechtlich nur das taṣarruf, das Besitz- und Nutzungsrecht, übertragen wurde, nahmen sie wirtschaftlich gesehen doch eine eigentümerähnliche Stellung ein. Der Code des Terres hatte die awqāf ghayrī ṣaḥīḥa (mevcoufé) deshalb dem Zivilrecht unterstellt, dennoch in Art. 116 untersagt, sie hypothekarisch zu belasten. Um nun den wirtschaftlichen Nachteilen einer solchen Regelung zu entgehen, wurde eine „hypothekarische Übertragung" gestattet: der Schuldner und

[1] Becker, Islamstudien I S. 267.
[2] Morawitz S. 112.
[3] Morawitz S. 11.
[4] Über Miete und Pacht von Waqfimmobilien unten S. 44ff.

Rechtsinhaber (mutaṣarrif) zediert seinem Gläubiger Besitz und Rechte an dem von ihm gepachteten (gemieteten) Land (Haus) mit der Vereinbarung, es jederzeit zurückverlangen zu können, wenn er seine Schuld bezahlt habe (Art. 116). Dasselbe galt beim Verkauf mit Rückkaufsrecht: auch hier kann der Schuldner nach Einlösung seiner Verpflichtungen die Rückübertragung verlangen (Art. 116). Nur wenn er einen Zahlungstermin vereinbart und nicht eingehalten hat, muß er sich dem Gläubiger unterwerfen, der dann die Rechte des Schuldners durch öffentliche Versteigerung verwerten kann (Art. 117).

Grundsätzlich war die Zwangsversteigerung von Rechten an uneigentlichen Stiftungen jedoch verboten (Art. 115, Code des Terres)[1]. Rechte an awqāf musaqqafāt und awqāf mustaghallāt, aus städtischen oder ländlichen Immobilien errichtete eigentliche Stiftungen, waren der Zwangsversteigerung ohnehin nicht unterworfen. Durch Gesetz aus dem Jahre 1862 wurde jedoch dem Fiskus und später durch Gesetz von 1871[2] auch dem privatrechtlichen Gläubiger gestattet, zu Lebzeiten des Schuldners dessen Rechte an awqāf ghayrī ṣaḥīḥa und sogar an awqāf musaqqafāt und mustaghallāt zwangsversteigern zu lassen[3].

Nach dem Tode des Schuldners war die Zwangsversteigerung „seines" waqfierten Landes selbst dann unstatthaft, wenn die Forderung des Gläubigers durch hypothekarische Übertragung gesichert war (Art. 118, Code des Terres). Erst durch Gesetz aus dem Jahre 1869[4] wurde dieses Verbot aufgehoben und sogar durch ein weiteres Gesetz von 1871[5] auf nicht hypothekarisch gesicherte Forderungen des Fiskus ausgedehnt. Die verbleibende Benachteiligung von privatrechtlichen Gläubigern wurde erst 1913 gesetzlich aufgehoben[6].

Diese Reformen waren nicht danach angelegt, das Übel mit der Wurzel zu beseitigen. Der Code des Terres hatte die hergebrachte Teilung des Landes in mulk, mīrī und mevcoufé beibehalten, so daß die Bevölkerung, von den seltenen Fällen des Privateigentums abgesehen, nicht frei über ihren Besitz an Immobilien verfügen konnte.

Die Bemühungen Frankreichs und Großbritanniens, die Hohe Pforte zu einem völligen Umbau der Struktur des Immobiliarrechts zu bewegen, schlugen fehl. Im Februar 1867 empfahl das französische Außenministerium, das Waqfsystem grundlegend zu

[1] Young VI S. 84.
[2] Young VI Text CIV—3 S. 87ff.
[3] Young VI S. 84; Chiha S. 353ff.
[4] Young VI Text CIV—1 S. 85f.
[5] Young VI Text CIV—2 S. 86f.
[6] Chaoui S. 206f.

ändern und die staatlichen Domänen (mīrī) in Privateigentum zu überführen, wobei Kreditinstitute den Kaufpreis erhalten und für dessen Verwendung Sorge tragen sollten[1]. Diese Vorschläge hatten jedoch nur die Verordnungen von 1867 zur Folge, die den Kreis der Erbberechtigten bei mīrī- und mevcoufé-Land ausdehnten[2].

Unter dem Einfluß sozialer und wirtschaftlicher Ideen des Westens verlangten auch türkische Reformer die vollkommene Abschaffung der awqāf, Ideen, die in Ägypten zum wenn auch kaum befolgten Verbot der Errichtung weiterer Stiftungen[3] geführt hatten[4]. Durch kaiserliches Gesetz aus dem Jahre 1873[5] wurde dann auch beschlossen, die awqāf zu säkularisieren. Aber wie so viele andere Entscheidungen ähnlicher Art blieb auch diese lettre morte, da dem Staatshaushalt die dafür erforderlichen Mittel fehlten oder zu fehlen schienen.

Die Kritiken an der Institution des waqf hörten seitdem nicht auf. Die angeführten Änderungen konnten nur gewisse Erleichterungen schaffen, nicht jedoch eine wirksame Abhilfe. Es kam hinzu, daß der waqf als religiös-karitative Einrichtung ausgehöhlt war. Er diente dazu, den wāqif der Rechtsverfolgung zu entziehen oder von der Steuerzahlung zu befreien. Er wurde dazu benutzt, die Bestimmungen des islamischen Erbrechts zu umgehen[6], Kinder untereinander zu bevorzugen oder zu benachteiligen und ihnen willkürliche oder unvernünftige Bedingungen aufzuerlegen. Die Begünstigten beschwerten sich über die Nachlässigkeit oder Unehrlichkeit der mutawallī, ohne daß es ihnen nach der sharī'a möglich war, sich in die Verwaltung der Stiftung einzuschalten. Menschlicher Schwäche, Bestechlichkeit und Korruption waren praktisch kaum Schranken gesetzt. Die zahlreichen Familienstiftungen hatten nicht nur zur Folge, daß oft wertvolles Land brach lag, da sich kein Pächter fand — auch bestärkten die arbeitslosen Einkommen die Begünstigten keineswegs, selbst tätig zu werden[7]. Wenn der ersten Generation von Begünstigten einer Stiftung noch ein bequemes Auskommen garantiert war, so führte die starke Vermehrung der Familien später dazu, daß die Renten

---

[1] Engelhardt I S. 209.

[2] Siehe unten S. 49.

[3] Vor dem Erlaß dieses Gesetzes hatte der hanefitische Mufti von Alexandrien, al-Djāzāyirlī, in einem fatwā dem Staat das Recht zugesprochen, zur Vermeidung von Mißbrauch die Errichtung weiterer awqāf zu untersagen. Auf diesen fatwā stützten sich später die Familienwaqfgesetze in Ägypten und im Libanon.

[4] Anderson, Recent Developments, S. 257.

[5] Kramers, Tanẓīmāt, EI IV S. 713 nach Engelhardt II S. 127.

[6] Milliot S. 541, Baz u. a. m. Für Ägypten ausführlich Sékaly S. 94ff.

[7] Anderson, Recent Developments, S. 257.

völlig unbedeutend wurden und Begünstigte oft auf sie verzichteten. Zwar war der mutawallī in solchen Fällen verpflichtet, deren Anteile am Erlös den in der waqfiyya vorgesehenen frommen Zwecken zuzuwenden, doch behielt er die Erträge oft selbst ein oder ließ den waqf auf seinen Namen umschreiben[1].

2 *Im Libanon zur Zeit des französischen Mandats*

Da das Osmanische Reich nicht mehr die Kraft besessen hatte, eine grundlegende Reform des Waqfrechts durchzuführen, oblag es nach dem Zusammenbruch den Nachfolgestaaten bzw. den Mandatsmächten, die notwendigen Schritte zu unternehmen.

Art. 6 II der Mandatscharta des Völkerbundes vom 24. 7. 1922 verpflichtete die französische Republik, im Libanon wie in Syrien eine Kontrolle über die Verwaltung der awqāf in voller Übereinstimmung mit den religiösen Gesetzen und dem Willen der Stifter auszuüben. Weder konnte Frankreich deshalb so entscheidende Schritte tun wie die türkische Republik, die durch Gesetz aus dem Jahre 1926 die Liquidation der awqāf durchsetzte[2], noch konnte es, wie einst 1873 in Algerien, sämtlichen öffentlichen Stiftungen französischen Gesetzen unterwerfen[3]. Als zusätzliche Schwierigkeit kam hinzu, daß die neugeschaffene libanesische Republik[4] nicht wie das Osmanische Reich ein sunnitisch-islamischer Staat war, sondern eine, wenn auch verhältnismäßig schwache, christliche Mehrheit besaß. Für das Evkaf-Ministerium in Konstantinopel, die zentrale Waqfverwaltungs- und aufsichtsbehörde, mußte folglich ein Rechtsnachfolger gefunden werden, der von der sunnitischen Religionsgemeinschaft zu tragen war, während gleichzeitig Schi'iten und Drusen ihre Rechte gewahrt wissen wollten. Diese Frage war eingebettet in das generelle Problem, die sunnitischen Muslime mit einer neuen Staatskonzeption vertraut zu machen und an die Einsicht heranzuführen, daß sie nunmehr eine eigene, selbständige, außerhalb des Staates stehende Religionsgemeinschaft bilden mußten, um ihre religiösen und rechtlichen Belange vertreten zu können[5].

Nach der militärischen Besetzung Groß-Syriens im August 1918 hatten die vordringlichen Aufgaben der Mandatsmacht darin bestanden, chaotischen Verhältnissen Einhalt zu gebieten. Die sich

---

[1] O'Zoux S. 150.

[2] Anderson, Recent Developments, S. 257.

[3] Heffening S. 1191.

[4] Aus dem am 1. 9. 1920 für unabhängig erklärten „Grand Liban" wurde am 23. 5. 1926 mit der Veröffentlichung ihrer Verfassung die „République Libanaise".

[5] Rapport 1934 S. 60.

zurückziehende türkische Armee hatte zahlreiche örtliche Waqfverwaltungskassen mitgenommen[1]. Da jegliche Aufsicht und Kontrolle fehlte, waren Veruntreuungen und ungesetzliche Transaktionen an der Tagesordnung. Grundbücher und Register waren zerstört worden, der Nachweis von Waqfeigentum damit unmöglich gemacht[2].

Neben der Wiederherstellung geordneter Verhältnisse galt es vor allem, das Evkafministerium durch eine zentrale Stelle mit gleichen Kompetenzen zu ersetzen. Die durch Arrêté Nr. 753 vom 2. 3. 1921 für Libanon und Syrien neugeschaffene Zentralverwaltung, der aus „Conseil Supérieur", „Contrôleur Général" und „Commission Générale" bestehende „Contrôle Général des Wakfs Musulmans" mit Sitz in Beirut, machte sich zunächst an eine allgemeine Überprüfung des Zustands der Stiftungen nach dem 18. 8. 1918 und an eine vollständige Umorganisation der personell überbesetzten[3] Subalternverwaltung. Sie arbeitete dann Entwürfe für eine künftige Gesetzgebung aus, die dem Stifter oder seinen Nachfahren den Rückkauf der Stiftung ermöglichen, in der Zukunft die Errichtung neuer Stiftungen unterbinden, einen Tausch des Besitzes durch Verkauf und Neuerwerb gestatten sowie die Veräußerbarkeit des waqf erleichtern sollte[4]. Ferner war beabsichtigt, die Immobilien der Toten Hand wieder in den Verkehr zu bringen und die Verwaltung und Bewirtschaftung von Stiftungen zu verbessern. Den waqf dhurrī, öffentlichen wie privaten Interessen gleichermaßen schädlich, gelte es abzuschaffen[5]. In Zusammenarbeit mit muslimischen Geistlichen sollten Mittel und Wege gesucht werden, um in der Zukunft die Waqfgesetzgebung den wirtschaftlichen Erfordernissen anpassen zu können[6].

Aufgrund dieser Vorarbeiten konnte der Conseil Supérieur des Wakfs im Jahre 1926 eine Reihe von Maßnahmen beschließen, denen vom Hohen Kommissar Gesetzeskraft verliehen wurde. Arrêté Nr. 79 vom 29. 1. 1926 beschränkte die zulässigen Vertragstypen der langfristigen Vermietung von Waqfimmobilien[7]. Arrêté Nr. 80 vom selben Datum gestattete bzw. gebot den Be-

---

[1] O'Zoux S. 143.

[2] Busson d. J., 1953, S. 47.

[3] Im gesamten Mandatsgebiet Syrien-Libanon erhielten mehr als 30000 Geistliche, Beamte oder Begünstigte Bezüge aus Stiftungen; 100000 Personen hatten quasidingliche oder Mietrechte an Stiftungen (Rapport 1923/24 S. 30).

[4] Rapport 1923/24 S. 30.

[5] Rapport 1926 S. 106.

[6] Busson d. J. 1953 S. 48.

[7] Erlaubt wurden ausschließlich idjāra waḥīda —, idjāratayn- und muqāṭa'a-Verträge (Art. 1). Siehe dazu unten S. 52.

rechtigten aus solchen Verträgen, die mit ihren quasidinglichen Rechten belasteten waqfierten Immobilien zu kaufen. Den Erlös mußte die Stiftung für den Erwerb eines neuen Grundstücks, die Errichtung von Mietshäusern oder die Reparatur ihrer anderen Gebäude verwenden. Man hoffte, durch diese, von der sharī'a sanktionierte Maßnahme des istibdāl[1] bei den neuen Eigentümern echtes wirtschaftliches Interesse zu wecken, da sie bisher zumeist bestrebt gewesen waren, aus ihrem Besitz für die Dauer des Pacht(Miet)vertrages eine möglichst hohe Rendite zu erwirtschaften. Kapital, das in verfallenen Gebäuden brach lag, konnte so neuer Verwendung zugeführt werden. Die Zentralverwaltung sah sich mit Hilfe der Verkaufserlöse in der Lage, größere Projekte in Angriff zu nehmen und Mietshäuser mit preiswerten Wohnungen für kinderreiche Familien zu errichten[2]. Der Arrêté Nr. 81, ebenfalls vom 19. 1. 1926, gestattete den Begünstigten von Familienstiftungen, diese bei Wahrung des Rechtscharakters unter sich aufzuteilen. Weitergehende Schritte, nämlich die vollständige Abschaffung der awqāf dhurriyya, scheiterten am Widerstand des Conseil Supérieur des Wakfs[3]. Die Arbeiten wurden abgeschlossen durch einen Arrêté aus dem Jahre 1931[4], der die Wiedereinführung städtischer Grundstücke in den Wirtschaftsverkehr erleichtern und der Landwirtschaft auf dem Wege des istibdāl (Austausch) ungenutzten Boden zuführen sollte.

Arrêté Nr. 3339 vom 12. 11. 1930[5], der in Syrien und im Libanon ein nach französischem Vorbild ausgerichtetes neues Sachenrecht einführte (Code de la Propriété), beschäftigte sich in den Artikeln 174—203 mit dem waqf. Er bestimmte den konstitutiven Charakter der Eintragung des waqf im Grundbuch (Art. 176), regelte die Verjährung (Art. 178) und faßte die Bestimmungen für Pachtverträge neu (Art. 180ff.).

Nach Art. 114 der neuen syrischen Verfassung des Jahres 1930 sollte die Waqfverwaltung gewählten verantwortlichen Räten anvertraut werden, deren Zusammensetzung und Geschäftsordnung durch staatliches Gesetz zu regeln war. Diese Bestimmung machte eine Neuordnung der Waqfverwaltung auch für den Libanon erforderlich[6]. Der Contrôle Général war eine religiöse Einrichtung gewesen, die in ihrer unabhängigen Form nicht mehr aufrechter-

---

[1] Siehe darüber unten S. 42ff.
[2] Rapport 1926 S. 107f.; Busson d. J. 1953 S. 48f.
[3] Rapport 1926 S. 108.
[4] Décision Nr. 3 des Conseil Supérieur vom 22. 12. 1930, bestätigt durch Arrêté Nr. 156/i des Hohen Kommissars v. 16. 12. 1931.
[5] Arrêté Nr. 3339, réglementant la propriété foncière et les droits réels immobiliers. Art. 270 des Arrêté setzte den Code des Terres außer Kraft.
[6] Rapport 1930 S. 61ff.

halten werden konnte, sobald sich der Staat einen Teil ihrer Kompetenzen zulegte. Die Décision Nr. 10 des Conseil Supérieur vom 27. 12. 1930, genehmigt durch Arrêté Nr. 157/i des Hohen Kommissars vom 16. 12. 1931, trug den Erfordernissen Rechnung, indem sie in beiden Staaten jeweils ausschließlich zuständige Direktionen einrichtete. Der Contrôle Général, der durch die getrennten, selbständigen Direktionen und den neugeschaffenen Hohen Sharī'a-Rat seiner Aufgaben weitgehend beraubt war, schlief in den folgenden Jahren ein.

Soweit die geschilderten Maßnahmen auf eine Reform der Zentralverwaltung abzielten, war an die muslimischen, genauer die sunnitisch-muslimischen awqāf gedacht worden. Dabei wurde der Mandatsmacht der Vorwurf gemacht, mit zweierlei Maß zu messen: bei den Sunniten sei ein zentraler Organismus geschaffen worden, hingegen bei den Christen und vor allem bei den Maroniten habe man sich an der Errichtung einer ähnlichen Institution völlig desinteressiert gezeigt[1]. Eine solche Kritik verkennt jedoch den unterschiedlichen Ausgangspunkt. In den christlichen Religionsgemeinschaften verwalteten zumeist die Geistlichen seit alters her die im übrigen auch längst nicht so umfang- und zahlreichen Stiftungen[2], so daß ein Bruch beim Untergang des Osmanischen Reiches gar nicht eintrat. Bei den muslimischen awqāf galt es aber, das durch den Fortfall des Evkaf-Ministeriums entstandene Vakuum auszufüllen.

3 *In der souveränen libanesischen Republik*

Abgesehen von den Gesetzen und Verordnungen, die die Aufgaben der Religionsgemeinschaften im Libanon und insbesondere die Kompetenz ihrer konfessionellen Gerichte festlegten[3], ist die nächste entscheidende Maßnahme des nunmehr souveränen libanesischen Gesetzgebers erst am 10. 3. 1947 mit dem Erlaß des Gesetzes über die Familienstiftungen erfolgt[4].

Dieser im Lande einmütig begrüßte Schritt hatte noch einmal die Problematik aufgeworfen, die bei staatlicher Gesetzgebung im Bereich der sharī'a ausgelöst wird. Als wesentliche Änderung beschränkte das Gesetz, das sich eng an ein ägyptisches Vorbild vom 12. 7. 1946 anlehnte, die Dauer der awqāf dhurriyya auf zwei Generationen und brach so mit dem Grundsatz der zeitlichen Unbegrenztheit eines waqf.

---

[1] Rabbath, L'évolution politique, S. 209.
[2] Siehe auch unten S. 96ff.
[3] Siehe darüber Teil VIII und X.
[4] Siehe Anhang Nr. 1 S. 102ff.

Will ein solcher Schritt im Einklang mit der sharī'a bleiben, dann muß er sich auf eine der Quellen (uṣūl) des islamischen Rechts stützen können: qur'ān, sunna, idjmā' (Übereinstimmung der mudjtahidīn, der kraft ihrer Einsicht zur Bildung eines eigenen Urteils Berechtigten[1]) und qiyās (Analogie). Eine selbständige Ableitung von Gesetzesbestimmungen aus diesen Quellen, idjtihād, ist nicht jedem gestattet. Das Recht zur idjtihād steht lediglich den mudjtahidīn zu, und zwar nach orthodoxem idjmā' nur bis zum 4. Jahrhundert nach der hidjra[2]. Alle späteren Juristen waren und sind deshalb verpflichtet, die Lehren der Vorgänger als zwingend zu akzeptieren (taqlīd[3]) oder, wenn diese divergieren, sich einer der Auffassungen anzuschließen. Besondere Befugnisse bei der selbständigen Ableitung sprach man den Gründern der vier anerkannten Rechtsschulen und einigen ihrer Zeitgenossen zu. Sie hatten das Recht besessen, unter Benutzung der genannten Rechtsquellen und weiterer Hilfsmittel alle Fragen beim Aufbau ihrer Rechtssysteme selbst zu lösen. Jeder von ihnen war ein absoluter mudjtahid[4].

Der libanesische Gesetzgeber mußte also, wenn er in Einklang mit der sharī'a handeln wollte, sich auf die Lehren eines der vier Rechtslehrer als Interpreten der maßgeblichen Quellen berufen können. Dies war jedoch nicht möglich; denn alle fordern, daß eine Stiftung, ohne daß insoweit ein Unterschied zwischen waqf khayrī und waqf dhurrī besteht, von ewiger Dauer sein müsse. Selbst wenn Abū Yūsuf zuließ, eine Stiftung zugunsten nur einer bestimmten Person und damit für einen begrenzten Zeitraum zu errichten[5], so kann der Gesetzgeber mit der Ausnahme von der Regel nicht das Verbot legitimieren, die Regel anzuwenden.

Die Verwaltungs- und Rechtskommission des libanesischen Abgeordnetenhauses[6] hat zur Diskussion über die Problematik, die mit dem Erlaß des Gesetzes verbunden war, keinen wesentlichen Beitrag geleistet. Sie hat sich beschränkt, auf die fātāwā von Sirādj al-Dīn al-Balkīnī (1378) und Muḥammad Ibn Maḥmūd al-Djāzāyirlī (1856) hinzuweisen, die angesichts der Mißbräuche die

---

[1] Macdonald, Idjmā', EI II S. 476. Diese Übereinstimmung kommt mangels eines Konzils oder einer Synode gleichsam automatisch zustande und läßt sich nur daran erkennen, daß sie faktisch existiert (Macdonald, S. 476f.). Gegen den idjmā' als Rechtsquelle Ramadan S. 83ff.

[2] Schacht, The Schools of Law, S. 75.

[3] Schacht, Taḳlīd, EI IV S. 682.

[4] Macdonald, Idjtihād, EI II S. 478.

[5] Nach deren Tod würde das Eigentum ihren Erben zufallen (Anderson, Recent Developments, S. 262).

[6] Bericht des Präsidenten der Kommission, Sāmī al-Ṣulḥ, in Yakān, qanūn al-waqf al-dhurrī.

Auflösung bzw. das Verbot der Errichtung neuer awqāf dhurriyya zulassen wollten[1]. Sie hat ferner unterstrichen, daß der waqf dhurrī weniger religiösen als vielmehr juristischen Gehalt habe, ja daß eine Reihe von Autoren den religiösen Gehalt überhaupt verneint hätten. Ausschlaggebend sei der humanitäre und nicht der religiöse Charakter des waqf dhurrī[2].

Die eigentliche Auseinandersetzung hatte 1926 im ägyptischen Parlament begonnen[3]. Da die Einkünfte der vom Waqfministerium verwalteten Familienstiftungen durchschnittlich auf 10 Jahre im voraus verpfändet waren, hatte der Waqfminister die Behandlung der Frage angeregt, ob ihre Beibehaltung ratsam sei[4]. Die Diskussion setzte sich in der ägyptischen Öffentlichkeit fort. Die Auflösung des Parlaments 1928 unterbrach die Arbeit der eingesetzten Kommission. Seit 1932 erarbeitete das Justizministerium Vorschläge, die auf eine weniger radikale Lösung als das vollständige Verbot abzielten; doch empfahl die Kommission der Kammer im Jahre 1936, das System des Familienwaqf abzuschaffen, da es sinnlos sei. Auf den Entwurf von 1942 folgte dann 1946 der Erlaß des Gesetzes, das in Anbetracht des Widerstands der Parlamentskommission für das Personalstatut einer vermittelnden Lösung folgte[5].

In der Diskussion[6] war der religiöse Charakter des Familienwaqf geleugnet worden. Der qur'ān kenne die Einrichtung des waqf nicht; das in der heiligen Schrift offenbarte Erbrecht untersage ausdrücklich eine Änderung seiner Bestimmungen, was der Familienwaqf geradezu bezwecke. Formell verfolge der waqf dhurrī zwar auch wohltätige Ziele, in Wirklichkeit diene er aber nur der Umgehung des Erbrechts. Solange das in Ägypten geltende Erbrecht noch keine Testierfreiheit kenne, sei der waqf als Regulativ notwendig; dabei jedoch auf eine bestimmte Zeit zu beschränken, nach deren Ablauf er — wie die bereits bestehenden Stiftungen — Volleigentum der Begünstigten werden solle. Für die Notwendigkeit einer Reform sprächen ferner volkswirtschaftliche Nachteile der Ausschaltung eines bedeutenden Teiles des Grundbesitzes aus dem freien Güterverkehr; das Anwachsen der Zahl der Begün-

[1] Yakān, a. a. O., S. 4; Tabbah S. 395 Anm. 6. — Im übrigen ist ein fatwā, das den Richter bindende Gutachten eines muftī, keineswegs geeignet, einen so weitgehenden Schritt zu stützen.

[2] Tabbah I S. 394.

[3] Sehr eingehend Sékaly S. 89ff.; Schacht, Šarī'a und Qanūn, S. 215ff.; Anderson, Recent Developments, S. 257ff.

[4] Schacht, a. a. O. S. 217.

[5] Anderson, a. a. O. S. 258.

[6] Nach Vorträgen des Waqfministers Maître Muḥammad 'Alī Pascha bei Sékaly S. 402ff.

stigten bei entsprechender Abnahme ihrer Quoten[1]; die niedrige Produktivität der waqfierten Grundstücke, die oft nur dem Raubbau dienten. Schließlich sei der Familienwaqf eine unerschöpfliche Quelle von Feindschaft und Prozessen.

Aus den angeführten Gründen und den Gegenargumenten der konservativen muslimischen Geistlichkeit, die, anstatt vor allem auf die Unvereinbarkeit der vorgeschlagenen Lösung mit der sharī'a hinzuweisen, ebenfalls in die Diskussion über wirtschaftliche Notwendigkeiten eintrat, läßt sich klar ablesen, daß für den geplanten Schritt wirtschaftliche Gesichtspunkte bestimmend waren und daß die weitaus überwiegende Mehrheit aus diesen Gründen die Reform wollte. Wenn dennoch die verschiedensten, zum Teil längst aufgegebenen Ansichten herangezogen wurden, um mit ihnen das fest beabsichtigte Gesetz zu legitimieren — wobei es sich im übrigen um noch nicht einmal zulässige Methoden handelte —, so bezeugt dies eine Inkonsequenz des Gesetzgbers und sein begreifliches Zögern, ein Gebiet des islamischen Rechts zu säkularisieren. Diese inkonsequenten Wege einer modernistischen Legislative, so treffend von Schacht[2] gezeichnet, sind nicht auf Ägypten beschränkt. Man vermeidet wenn irgend möglich, das traditionelle System aufzugeben, und belegt, um den dogmatischen Forderungen zu genügen, die beabsichtigte Änderung rein äußerlich und sekundär mit überlieferten Meinungen, eine eklektische Methode, die der oft erhobenen Forderung nach Anpassung des Islam und der islamischen Jurisprudenz an die Gegebenheiten und Notwendigkeiten der modernen Welt nicht in konstruktiver Weise gerecht wird[3].

Zu den wesentlichen Merkmalen des neuen Gesetzes gehört vor allem, daß gemäß Art. 8 ein waqf dhurrī nicht mehr für ewige Dauer errichtet werden kann. Da die bereits bestehenden Familienstiftungen von dieser zeitlichen Beschränkung nicht betroffen wurden, gibt es im Libanon nunmehr drei verschiedene Typen von waqf:

1. die religiösen oder wohltätigen Stiftungen, awqāf khayriyya, auf die weiterhin die Bestimmungen der sharī'a angewendet werden;
2. die vor Erlaß des Gesetzes vom 10. 3. 1947 errichteten awqāf dhurriyya, die, wie die vorhergehenden, zwar grundsätzlich

[1] In einem besonders krassen Fall betrug bei einem jährlichen Ertrag eines waqf von 7500äg. £ die geringste Quote 60 Piaster (0,6 £), während der Verwalter an Gebühren 750 £ erhielt (Sékaly, S. 449).

[2] A. a. O., S. 234 und The Schools of Law, S. 83f. Siehe auch Heffening S. 1193.

[3] Siehe dazu Maḥmaṣṣāni, Muslims: Decadence and Renaissance, S. 186ff., S. 197; Coulson, S. 201.

von ewiger Dauer sind, durch Art. 45 I jedoch weitgehend den Bestimmungen des Gesetzes vom 10. 3. 1947 unterworfen sind;

3. die in Übereinstimmung mit Art. 1 II und Art. 2 des Gesetzes vom 10. 3. 1947 errichteten awqāf dhurriyya und gemischten awqāf.

Das Gesetz gilt gleichermaßen für Stiftungen von Angehörigen aller Religionsgemeinschaften (Art. 45). Da es aber auf die besonderen Verhältnisse bei den Sunniten zugeschnitten ist und erst durch Art. 45 seinen allgemeinverbindlichen Charakter erhalten hat, ergeben sich bei der Anwendung auf andere Religionsgemeinschaften Schwierigkeiten. Art. 3, der sich in Absatz I und II auf Einrichtungen der Waqfverwaltung bezieht, dabei jedoch nur die sunnitische und nicht einmal die schi'itische oder drusische im Auge hat; Art. 6, der vom qāḍī spricht; Art. 11 und Art. 31 sind Beispiele dieser einseitigen Abfassung.

1955 endlich wurden durch Décret législatif Nr. 18 vom 13. Januar[1] die Stellung des Mufti der Republik als Führer der sunnitisch-muslimischen Religionsgemeinschaft, seine Rechte im Rahmen der Waqfverwaltung sowie die Organisation der sunnitischen Waqfverwaltung neu geregelt. Das Gesetz vom 28. 5. 1956 übertrug dann dem Hohen Islamischen Shar'ī-Rat die Befugnis, dieses Dekret zu ändern und in Angelegenheiten, die die sunnitische Religionsgemeinschaft und ihre awqāf betreffen, selbst Recht zu setzen. Von der Befugnis zur Änderung von Bestimmungen hat der Rat bereits mehrfach Gebrauch gemacht, allein schon um die zahlreichen redaktionellen Fehler, die das unter politischem Zeitdruck entstandene Dekret enthielt, wieder auszumerzen.

V. Teil

DIE ERRICHTUNG DES WAQF

1 *Der Stifter*

11

Der wāqif (Stifter) muß volljährig (gemäß Art. 215 CO mit dem vollendeten 18. Lebensjahr) und geschäftsfähig sein. Weder braucht er Muslim[2], noch libanesischer Staatsangehöriger zu sein.

12

Auch Ausländern ist es gestattet, Stiftungen zu errichten[3]. Gemäß Art. 233 CO bestimmen sich die Fähigkeit, einen waqf zu

[1] Auszugsweise in deutscher Übersetzung in Anhang Nr. 2 S. 109ff.

[2] Dazu eingehend unten Teil X.

[3] Cardahi, Le Mandat, S. 81.

errichten, und die Form der Errichtung nach örtlichem Recht. Art. 233 scheint jedoch mit Art. 231 II desselben Gesetzes zu kollidieren, der für die gesetzliche oder testamentarische Vererbung von Immobilien die Anwendung des Heimatrechts des ausländischen Erblassers vorschreibt[1]. Bei der Frage nach dem Vorrang unter den beiden Normen ist zu berücksichtigen, daß die Artikel 232ff. im Abschnitt „Schenkungen" des Code des Obligations stehen. Art. 231 statuiert die Rechte der Ausländer und verweist für die *Vererbung* von Immobilien auf ihr Heimatrecht. Art. 232 aber bestimmt, daß bei *Schenkungen* das libanesische Recht auch auf Ausländer anzuwenden ist. Art. 233, ebenfalls im Abschnitt „Schenkungen", stellt dann die Spezialnorm für die Errichtung von Stiftungen dar. Aus der Anordnung und Abfassung dieser drei Bestimmungen ist zu folgern, daß im Rahmen des CO der gemischte, von Cardahi[2] „amphibisch" genannte Rechtscharakter des waqf grundsätzlich als Schenkung definiert wird, gleichgültig, ob die Errichtung zu Lebzeiten, also als Schenkung unter Lebenden, oder testamentarisch erfolgte[3].

Dieser Schluß wird gestützt durch Art. 17 II des Décret législatif Nr. 241/NI vom 4. 11. 1942 i. d. F. vom 4. 12. 1946. Danach sind die Sharī'a-Gerichte in Fragen des Personalstatuts von sunnitischen oder schi'itischen Ausländern unzuständig, wenn sich diese nach ihrem Heimatrecht an das Zivilgericht hätten wenden müssen. Ausgenommen sind nur Waqfangelegenheiten, die stets in die Kompetenz der Sharī'agerichte fallen. Dementsprechend wird der nichtmuslimische Ausländer wie ein Libanese seiner Konfession behandelt werden müssen.

Praktisch werden jedoch Stiftungen von Ausländern nur selten vorkommen, da ihnen der Erwerb von Grundbesitz im Libanon weitgehend verboten ist[4].

---

[1] Ein Renvoi zum libanesischen Recht ist nicht zugelassen (CdCass., Entscheidung Nr. 35 vom 20. 2. 1955, bei Farhat S. 36).

[2] Le Mandat, S. 82.

[3] Cardahi, a. a. O., S. 83.

[4] Durch Gesetz vom 16. 6. 1867 (Zustimmung Preußens [neben Österreich, Großbritannien, Frankreich und Rußland Schutzmacht] und des Norddeutschen Bundes durch Protokoll vom 7. 6. 1869) hatte das Osmanische Reich den Angehörigen bestimmter Nationen den Erwerb von Immobilien gestattet. Durch Arr. Nr. 2547 vom 7. 4. 1924 wurde diese Erlaubnis auf die Angehörigen aller Nationen ausgedehnt. Arr. Nr. 79 vom 18. 8. 1941 und Gesetzesdekret 196 untersagten dann Ausländern jeden Erwerb von Immobilien und Grundpfandrechten unter Lebenden. Ausnahmen bedürfen der Zustimmung des Staatspräsidenten (s. Farhat S. 37; Cardahi, L'accès des étrangers, S. 211ff.). Gesetzlich ausgenommen sind Syrer und Auslandslibanesen, praktisch aber auch Angehörige zahlreicher anderer arabischer Staaten.

13

Der wāqif kann in seiner Fähigkeit, einen waqf zu errichten, beschränkt sein.

131

Nach der sharī'a darf die verheiratete Frau ohne Zustimmung ihres Ehegatten nicht mehr als ein Drittel ihres Vermögens waqfieren[1].

132

Der Schuldner war nach hanefitischer Lehre in keiner Weise gehindert, sein Vermögen durch Errichtung einer Stiftung seinen Gläubigern zu entziehen[2]. Es ist bereits dargelegt worden, wie die osmanische Regierung versucht hat, der schädlichen Wirkungen dieser Lehre Herr zu werden[3].

Heute können die Gläubiger, sofern ihre Forderungen rechtskräftig festgestellt sind, und der insolvente Stifter sie mit der Errichtung eines waqf benachteiligt, gemäß Art. 278 CO den Widerruf der sie schädigenden Rechtshandlung, i. e. der Errichtung des waqf, verlangen. Die Aufhebung findet jedoch nur in dem Maße statt, als es zu ihrer Befriedigung erforderlich ist[4]. Hypothekarisch gesicherte Gläubiger sind geschützt, wenn die Eintragung ihrer Hypothek der Errichtung des waqf im Grundbuch vorgeht (Art. 175 CP).

133

Die sharī'a untersagt dem Erblasser, durch Testament über mehr als ein Drittel seines Vermögens frei zu verfügen. Die testamentarische Errichtung einer Stiftung ist also nur insoweit gültig, als dieser Freibetrag nicht überschritten wird.

Als letztwillige Verfügung wird auch die eines Schwerkranken angesehen. Er ist in seiner Geschäftsfähigkeit in bezug auf alle Rechtshandlungen beschränkt, die die Rechte seiner gesetzlichen Erben auf zwei Drittel seines Nachlasses beeinträchtigen würden. Eine Verfügung über das freie Drittel hinaus hat nur dann Gültigkeit, wenn die Erben sie genehmigen oder der Kranke überlebt und sich damit die Verfügung endgültig als eine solche unter Lebenden erweist[5]. Dieses in den Artikeln 1595ff. der madjalla normierte Recht wurde durch den Code des Obligations nicht außer Kraft gesetzt[6]. Es ist für den Bereich des Waqfrechts erst durch Art. 37 Gesetz vom 10. 3. 1947 hinfällig geworden, der keinen Unterschied zwischen Verfügungen von Lebenden und solchen von Todes wegen mehr trifft, dem Stifter also stets dieselben Beschränkungen auferlegt.

---

[1] Santillana II S. 420.

[2] Santillana II S. 420; Krcsmárik S. 527f.; Dib S. 314.

[3] Siehe oben S. 9f.

[4] Baz S. 117ff.; Kadri Pacha Nr. 27 Entscheidung 11/19; Mercier S. 28.

[5] Krcsmárik S. 527; Juynboll S. 256ff.

[6] Tribunal mixte, Entscheidung Nr. 441, in RepJL S. 824ff.

134

Hingegen kennt die sharī'a eine Verfügungsbeschränkung zu Lebzeiten nicht[1]. Jedem steht es frei, sein gesamtes Vermögen zu verschenken bzw. daraus einen waqf zu errichten. Bereits der Code des Obligations von 1932 hatte in Art. 512 versucht, diese weitgehende Freizügigkeit mit ihren gefährlichen und schädlichen Konsequenzen einzuengen. Danach durfte der Stifter, soweit er einen waqf zu Lebzeiten errichtete, also eine Schenkung unter Lebenden vornahm, nicht über den testamentarischen Freibetrag hinaus verfügen, der bei Muslimen ein Drittel[2] und bei Christen 50% des Vermögens betrug[3]. Es blieb aber fraglich, ob Art. 512 CO, der für Schenker und Testator dieselben Verfügungsbeschränkungen festlegte, im Bereich des Waqfrechts der sharī'a, d. h. gegenüber Muslimen, Anwendung finden konnte[4]. Nach Tabbah[5] war das Waqfrecht als besonderes und religiöses Recht nicht durch die generelle Norm des Art. 1106 CO, der das den Bestimmungen des Code widersprechende Recht außer Kraft setzte, ungültig geworden, eine Meinung, die auch von einem Teil der Rechtsprechung vertreten wurde[6].

Deshalb sollte das Problem dann endgültig in den Artikeln 36ff. des Gesetzes vom 10. 3. 1947 gelöst werden.

Die in diesen Artikeln normierten Beschränkungen gelten gleichermaßen für awqāf dhurriyya wie für awqāf khayriyya; denn Art. 37 spricht außer von den Familienstiftungen auch von einem waqf zu wohltätigen Zwecken und übernimmt damit die Definition eines waqf khayrī aus Art. 1. Die Beschränkungen werden gemäß Art. 45 unterschiedslos auf Angehörige aller Religionsgemeinschaften angewandt[7] und stellen nicht darauf ab, ob die Errichtung des waqf zu Lebzeiten des wāqif oder durch letztwillige Verfügung erfolgte (Art. 37).

Gemäß Art. 36 ist es nunmehr nur dann gestattet, das gesamte Vermögen zu waqfieren, wenn man bei seinem Tode keine Nachkommen, Ehegatten oder Eltern hinterläßt. Sind solche Erben vorhanden, so kann nur über ein Drittel des Vermögens frei verfügt werden, um einen waqf zugunsten von Erben, Dritten oder wohltätigen Zwecken zu errichten (Art. 37). Die restlichen zwei Drittel müssen gemäß den für die Religionsgemeinschaft des Erb-

---

[1] Krcsmárik S. 526.
[2] Santillana II S. 540ff.; Juynboll S. 255.
[3] Art. 2 des Gesetzes „relative au testament des Libanais non musulmans" vom 7. 3. 1929.
[4] Vgl. Cattala I, S. 184.
[5] Band I S. 418.
[6] Tyan, Régime successoral, S. 68f.
[7] Tyan, a. a. O., S. 71. Siehe dazu unten S. 23f.

lassers geltenden erbrechtlichen Bestimmungen aufgeteilt werden. Zwar können auch diese zwei Drittel des Vermögens waqfiert werden; doch müssen dann die Begünstigten nach dem Schlüssel eingesetzt werden, der ihren Anteil an der Erbmasse gesetzlich festlegt (Art. 38).

Die neuen Gesetzesbestimmungen werfen eine Reihe von Fragen auf, die im Gesetzestext keine oder nur eine unzureichende Antwort finden.

Das Gesetz läßt offen, ob diejenigen awqāf, die der Stifter vor Erlaß des Verbots errichtet hat, in das verfügungsfreie Drittel fallen, also anzurechnen sind. Nach der ägyptischen Regelung werden auf das freie Drittel alle Stiftungen angerechnet, die der wāqif vor und nach Rechtskraft des Gesetzes errichtet hat, soweit sie widerrufbar sind[1]. Falls der Freibetrag überschritten wird, haben in chronologischer Reihenfolge die zuerst errichteten Stiftungen Vorrang[2]. Die Vermutung liegt nahe, daß der libanesische Gesetzgeber eine abweichende Regelung hatte treffen wollen, als er die entsprechenden Bestimmungen des ägyptischen Gesetzes nicht übernahm. Eine gerichtliche Bestätigung dieser Annahme liegt bisher aber noch nicht vor.

Art. 38 I gestattet unter den genannten Voraussetzungen die Waqfierung des gesamten Vermögens. Die Begünstigten haben aber erst vom Zeitpunkt des Todes des wāqif ab gesetzlichen Anspruch auf die Nutzungen des waqf (Art. 36). Daraus ist zu folgern, daß der wāqif zu Lebzeiten die Empfänger der Nutzungen frei bestimmen kann, und zwar auch hinsichtlich der seinen Erben vorbehaltenen zwei Drittel des Vermögens. Mit seinem Tode müssen aber die Rechte auf diejenigen übergehen, die entsprechend eingesetzt oder gesetzlich berechtigt sind. Es ist schließlich strittig, ob das Gesetz über die Testamente nichtmuslimischer Libanesen von 1959[3] gegenüber dem Gesetz vom 10. 3. 1947 lex specialis ist oder umgekehrt. Diese Frage hat insofern Bedeutung, als gemäß Art. 36 und 37 des Familienwaqfgesetzes der testamentarische Freibetrag nur ein Drittel beträgt, während er nach Art. 58ff. des Testamentsgesetzes mindestens 50% der Erbmasse ausmacht.

Tabbah[4] sah in dem Gesetz vom 7. 3. 1929 die lex specialis, die für Nichtmuslime einen anderen testamentarischen Freibetrag als den der sharī'a festlegte. Zwar fände das Gesetz vom 10. 3. 1947 gemäß Art. 45 auch auf alle christlichen oder jüdischen awqāf dhurriyya Anwendung; doch ziele diese Allgemeinverbindlichkeit

---

[1] Anderson, Recent Developments, S. 268.

[2] Anderson, a. a. O., S. 268 Anm. 31.

[3] Das geltende Gesetz vom 23. 6. 1959 setzte das Gesetz vom 7. 3. 1929 außer Kraft.

[4] Band I S. 422f. und S. 423 Anm. 54.

vor allem auf die generelle Beschränkung der Stiftung auf zwei Generationen ab. Es sei nicht einzusehen, warum für den Nichtmuslim die Höhe des Freibetrages bei Stiftung und Testament differieren solle. Nach Tyan[1] hingegen ist das waqf-dhurrī-Gesetz, das ein bestimmtes Rechtsgeschäft zum Gegenstand habe, die lex specialis gegenüber dem Testamentsgesetz, das nur ganz allgemeine Vorschriften enthalte. Dieses beziehe sich in seinem Art. 51[2] auf das Familienwaqfgesetz und begründe daher für die in jenem enthaltenen Bestimmungen Vorrang gegenüber den eigenen, soweit ein Widerspruch gegeben sei.

Die Verweisung des Art. 51 sieht Tyan richtig: sie ist nicht nur Rechtsfolgen-, sondern auch Rechtsvoraussetzungsverweisung. Nach Art. 51 ist es unstatthaft, durch Testament eine Sache unbegrenzt für unveräußerlich zu erklären. Eine entsprechende Verfügung hätte die Ungültigkeit des Testaments zur Folge. Es wird jedoch als gültig angesehen, wenn sich die Verfügung als Errichtung eines waqf dhurrī deuten läßt, die Unveräußerlichkeit auf zwei Generationen beschränkt bleibt. Das Testament selbst unterliegt dann den waqfrechtlichen Vorschriften. Die Verweisung ist also nicht ausschließlich sachenrechtlich, sondern bindet den Stifter zugleich an die erbrechtlichen Vorschriften. Ob ein gültiger waqf errichtet wurde, hängt dann von der Respektierung der Art. 36ff. ab.

Tyan läßt hingegen außer Betracht, daß sich das Gesetz vom 10. 3. 1947 seinem Geiste nach an Muslime wendet und erst durch den unorganischen Zusatz des Art. 45 seine Allgemeinverbindlichkeit erhalten hat. Wenn der Freibetrag für Stiftungen zu Lebzeiten des wāqif durch Art. 37 auf ein Drittel herabgesetzt wird, so folgt das Gesetz darin nur dem Beispiel des qur'ānischen Erbrechts. Keineswegs war es aber derzeit Absicht des Gesetzgebers gewesen, in andere Rechtsgebiete, so in das nichtmuslimische Erbrecht, überzugreifen. Tabbah wäre deshalb in bezug auf die Rechtslage vor 1959 zuzustimmen. Die klare und ausdrückliche Verweisung des Art. 51 hat der Diskussion jedoch nunmehr den Boden entzogen.

2 *Die Begünstigten*

21

Ein waqf kann zugunsten einer bestimmten oder unbestimmten Anzahl natürlicher Personen (die Familie des Stifters, der Stifter

---

[1] Régime successoral, S. 71f.

[2] „N'est point valable le testament qui lègue un usufruit ayant pour effet de bloquer les biens, à moins que le legs ne puisse être traité comme un „Waqf Zurri", auquel cas la disposition ne peut s'appliquer aux biens „amiriés". Quant aux biens „mulks", le testament est valable pour la durée de validité du „Wakf", et est soumis aux règles du „Wakf Zurri".

selbst[1], die Armen des Ortes, Studenten) und zugunsten von religiösen oder wohltätigen Einrichtungen sowie Gegenständen des öffentlichen Nutzens (für den Bau, die Instand- und Unterhaltung von Moscheen, Schulen, Krankenhäusern, Bibliotheken, Brücken, Brunnen etc.; für die Besoldung des Personals derartiger Einrichtungen) errichtet werden. Der persönlich Begünstigte braucht weder Muslim[2], noch Libanese (Art. 232 CO) zu sein. Auch braucht der Begünstigte zum Zeitpunkt der Errichtung der Stiftung noch nicht zu existieren, wie beispielsweise die Nachkommen des Stifters oder das zu errichtende Krankenhaus[3].

22

Ein Hauptanliegen des Gesetzes vom 10. 3. 1947 hatte darin bestanden, Waqfrecht und Erbrecht[4] zu harmonisieren, um für die Zukunft die Umgehung erbrechtlicher Bestimmungen durch Errichtung eines waqf dhurrī auszuschalten. Die Rechtslage vor Erlaß des Gesetzes kann wie folgt zusammengefaßt werden:

a) Begünstigter einer vom wāqif zu Lebzeiten errichteten Stiftung konnte jedermann sein, auch der gesetzliche Erbe[5]. Beschränkungen der Höhe nach gab es weder im Verhältnis von Vermögen des Stifters zum Wert der Stiftung, noch bei den Anteilen der Begünstigten untereinander.

b) Begünstigter einer durch letztwillige Verfügung errichteten Stiftung durfte nicht ein gesetzlicher Erbe sein[6]. Der Höhe nach war der Wert der Stiftung beschränkt auf ein Drittel des Vermögens des Stifters zum Zeitpunkt seines Todes[7].

Die Artikel 36ff. durchbrechen nun das traditionelle islamische Erbrecht auf zwei Ebenen:

---

[1] Art. 9 Gesetz vom 10. 3. 1947; Santillana II S. 434f.

[2] Santillana I S. 101.

[3] Santillana II S. 422.

[4] Das qur'ānische Erbrecht hanefitischer Schule kennt
a) pflichtteilsberechtigte Erben, deren Anteil im Qur'ān festgelegt sind: in der männlichen Linie die Aszendenten und der Ehegatte, nicht aber die Deszendenten; in der weiblichen Linie u. a. Tochter, Mutter, Schwester, Ehefrau;
b) (agnatische) Erben, die Anspruch auf die Erbmasse nach Abzug der Pflichtteile haben, nämlich Sohn, Enkel in der männlichen Linie, Vater, Großvater in der männlichen Linie, wobei in der genannten Reihenfolge der vorhergehende Verwandtschaftsgrad den nachfolgenden ausschließt.
Siehe dazu Bergsträsser S. 90ff.; Schacht, mirāth, in EI III S. 584ff.; Juynboll S. 241ff,

[5] Krcsmárik S. 536ff.

[6] Santillana II S. 534.

[7] Krcsmárik S. 526.

a) Wie bereits erwähnt, darf der Stifter weder zu Lebzeiten noch durch letztwillige Verfügung mehr als ein Drittel seines Vermögens waqfieren, wenn einer der in Art. 36 genannten gesetzlichen Erben vorhanden ist (Art. 37).

b) Der Stifter kann nicht nur durch einen waqf aus dem verfügungsfreien Drittel seines Vermögens gesetzliche Erben begünstigen. Er darf auch die verbleibenden zwei Drittel waqfieren, wenn er seinen Abkömmlingen, den Ehegatten und Eltern den ihnen nach erbrechtlichen Bestimmungen zustehenden Anteil einräumt, also einen neuaufgestellten Kreis gesetzlicher Erben berücksichtigt (Art. 38). Damit ist das Erbrecht der sharī'a weitgehend aufgehoben.

Aus dem Kreis der gesetzlichen Erben können ausgeschlossen werden (Art. 38 II):

a) wer gesetzlich erbunwürdig ist, weil er den Tod des wāqif verursacht hat;

b) der Ehegatte der Stifterin, wenn er entgegen den Bedingungen der waqfiyya sich wiederverheiratet oder seine Frau verstoßen hat;

c) derjenige, für dessen Ausschluß der wāqif zwingende Gründe hat. Die Gründe unterliegen der gerichtlichen Würdigung.

3 *Das gestiftete Gut*

Da die hanefitische Lehre im Gegensatz zur malekitischen von der Forderung ausgeht, ein waqf müsse für ewige Dauer errichtet werden, eignen sich in erster Linie Immobilien wegen ihrer unbeschränkbaren Nutzbarkeit zum Stiften. Grundstücke werden immer als Immobilien angesehen; die auf ihnen errichteten Gebäude aber nur, wenn sie ebenfalls dem Grundstückseigner gehören. Haben Gebäude und Grundstück aber nicht denselben Eigentümer[1], so wird das Haus als Mobilie angesehen[2].

Bei der Errichtung einer Stiftung teilen die auf dem Grundstück befindlichen und dem wāqif gehörenden Gebäude und Pflanzen das rechtliche Schicksal der Hauptsache[3]. Nach der sharī'a wurden jedoch Saat und hängende Früchte ausgenommen. Sie blieben dem Stifter bzw. seinen Erben erhalten. Der Übergang auf den waqf wurde hingegen — verständlicherweise — bejaht in den Fällen, wo die Früchte zum Zeitpunkt der Errichtung der

---

[1] Dies ist z. B. dann der Fall, wenn der aus einem muqāṭa'a-Vertrag berechtigter Pächter auf dem gepachteten Grundstück ein Gebäude errichtet und daran Eigentum erwirbt; siehe dazu unten S. 49.

[2] Krcsmárik S. 531.

[3] Krcsmárik S. 540.

Stiftung noch nicht existent waren. Holz, das der Stifter regelmäßig zu schlagen pflegte, fiel auch dann an den waqf, wenn es als absonderbarer Wertzuwachs existent war[1]. Durch Art. 177 CP sind diese subtilen Unterscheidungen nunmehr gegenstandslos geworden[2].

Die Waqfierbarkeit von Mobilien war innerhalb der hanefitischen Schule strittig[3]. Übereinstimmung bestand bei gewissen Gegenständen, so bei Waffen[4]. Zumeist wurde auch zugelassen, „mobiliare" Gebäude und Bepflanzungen auf dem Grundstück eines anderen Eigentümers zu waqfieren[5], so daß Grundstück und darauf errichtetes Gebäude zu zwei verschiedenen Stiftungen gehören konnten. Eine Änderung der Rechtslage folgte dann aus Art. 177 CP, demgemäß sich die Waqfeigenschaft auf alle Sachen erstreckt, die mit der waqfierten Immobilie unlösbar verbunden waren oder wurden, ohne daß es einer entsprechenden Erklärung des wāqif dazu bedurfte. Art. 15 des Gesetzes vom 10. 3. 1947 ist noch weiter gegangen. Nicht nur Immobilien, auch Gesellschaftsanteile und Aktien können nunmehr in einen waqf dhurrī errichtet werden, sofern die betreffenden Gesellschaften das islamische Verbot des Wuchers nicht verletzen[6].

Nicht gestiftet werden können

a) mīriyya-Ländereien, i. e. staatliche Domänen, an denen der Besitzer eine eigentümerähnliche Stellung einnimmt. Eine dennoch errichtete Stiftung ist nichtig (Art. 18 CP).

b) Das Eigentum eines Dritten. Der Mangel fehlenden Eigentums wird auch nicht geheilt, wenn der Eigentümer zustimmt oder die betreffende Sache nachträglich in das Eigentum des Stiftenden übergegangen ist[7].

Ursprünglich war die Waqfierung eines Anteils an einem unteilbaren Ganzen gestattet[8]; ausgenommen waren jedoch Kultstätten[9]. Art. 16 beschränkt diese Erlaubnis auf den Fall, daß

---

1 Krcsmárik S. 541.

2 Art. 177 CP: Le Wakf s'étend à toutes choses qui étaient ou qui sont devenues parties intégrantes de l'immeuble ou ses dépendences et accessoires nécessaires.

3 Krcsmárik S. 529ff.; Santillana II S. 425f.

4 Krcsmárik S. 529. Bejaht für Waffen, an die sich die Erinnerung an den heiligen Krieg knüpft: Tribunal mixte, Entscheidung Nr. 132, 2. 3. 1939, in RepJL S. 824.

5 Krcsmárik S. 531.

6 Anderson, Recent Developments, S. 263.

7 Krcsmárik S. 524.

8 Krcsmárik S. 525f.; Tabbah I S. 424; Van den Berg S. 127. Siehe ferner unten S. 34.

9 Catala I, S. 217.

andere Teile bereits vor Erlaß des Gesetzes waqfiert wurden, und die Stiftung dieselben Personen begünstigt.

4 *Der Zweck der Stiftung*

Nach hanefitischer Lehre muß der wāqif mit seiner Stiftung zugunsten einer frommen, wohltätigen oder den allgemeinen Interessen dienenden Einrichtung bezwecken, sich Gott zu nähern (qurba)[1]. Ein waqf, der eine solche Zielsetzung nicht hat, der also beispielsweise ausschließlich die Familie des Stifters begünstigen soll, wäre ungültig[2]. Andererseits bedarf es keines ausdrücklichen Hinweises auf ein bestimmtes frommes oder wohltätiges Werk, da der qāḍī nach dem mutmaßlichen Willen des Stifters oder gemäß Ortsüblichkeit entscheiden kann, wem die Erträge der Stiftung zukommen sollen[3].

Auch das waqf-dhurrī-Gesetz setzt für die Gültigkeit einer Familienstiftung das Bestehen einer qurba voraus, da es insoweit die Vorschrift der sharī'a bestehen gelassen hat. Eine ausdrückliche Erwähnung der verfolgten frommen Zwecke bei Errichtung des waqf ist nicht erforderlich: sie werden gesetzlich vermutet. Das Erfordernis einer qurba kommt auch in den Art. 27 und 34 zum Ausdruck: im Falle der Teilung oder Auflösung eines waqf müssen 15% des Wertes den in der waqfiyya genannten oder sonstigen wohltätigen Einrichtungen zukommen. Im ägyptischen Gesetz findet sich keine entsprechende Bestimmung. Hierin ist deshalb eine rechtspolitische Maßnahme des libanesischen Gesetzgebers zu sehen, sowohl den waqf dhurrī nicht völlig seines ursprünglichen Gehalts zu entkleiden, als auch durch das Auferlegen von Opfern hemmend auf die Errichtung neuer Stiftungen einzuwirken.

Weiter muß nach hanefitischer Lehre die Widmung der gestifteten Sache von ewiger Dauer sein. Jede Beschränkung auf einen bestimmten Zeitraum oder auf eine bestimmte Person, sofern damit eine zeitliche Begrenzung ausgedrückt werden soll, ist unzulässig[4]. Die Hanefiten erlauben deshalb auch nicht, die Errichtung eines waqf von einem ungewissen oder zukünftigen Ereignis, von dem Eintritt oder Nichteintritt einer Bedingung abhängig zu machen. Ausgenommen ist lediglich die Bindung an den eigenen Tod.

Für den Bereich der Familienstiftungen hat nun Art. 8 die Widmung für ewige Dauer abgeschafft und den waqf dhurrī auf zwei Generationen maximal beschränkt. Auf die revolutionäre Bedeutung

[1] Krcsmárik S. 545ff.; Santillana II S. 426.
[2] Santillana II S. 426.
[3] Bestawros Art. 22 Nr. 39 (TribCivAlex. 1921).
[4] Krcsmárik S. 535; Van den Berg S. 128; Santillana II S. 427.

dieses Schrittes für das Waqfrecht[1] und die mit ihm verbundene Problematik ist bereits eingehend hingewiesen worden[2]. Die zeitliche Beschränkung hat zwangsläufig eine grundlegende Änderung der Rechtsnatur des waqf zur Folge: aus der rechtlich selbständigen Stiftung wird ein bloßes Nutznießungsrecht. Die rechtliche Sonderbehandlung des Eigentums entfällt: es hört nicht auf, dem Stifter oder seinen Erben zuzustehen.

Das waqf-dhurrī-Gesetz hat es jedoch nicht bei der zeitlichen Beschränkung belassen. Darüber hinaus kann gemäß Art. 7 der wāqif seine Familienstiftung jederzeit widerrufen, eine Bestimmung, die sich auf die Lehre Abū Ḥanīfas stützen kann[3].

5 *Die Form der Stiftung*

51

Die Erklärung des Stifters, aus einer ihm gehörenden Sache einen waqf errichten zu wollen, ist nach hanefitischer Lehre an keine bestimmte Form gebunden. Sie kann explizit erfolgen, aber auch implizit aus einer Äußerung des wāqif zu schließen sein. Nur muß der Wille des Stifters eindeutig zu erkennen sein[4]. Nicht erforderlich ist die Angabe, welchem frommen oder wohltätigen Zweck die Stiftung dienen soll. Fehlt sie, so wählt der qāḍī die Begünstigten nach dem mutmaßlichen Willen des Stifters oder nach dem Gesichtspunkt der Ortsüblichkeit aus[5].

52

Da die Hanefiten einem Schriftstück keinen Beweiswert zuerkennen, muß die Errichtung eines waqf durch Zeugen nachgewiesen werden können[6]. Dennoch ist der Wert einer schriftlichen Niederlegung, insbesondere in der Form der gerichtlichen Registrierung, schon früh erkannt worden. Es wurde deshalb im Osmanischen Reich üblich, aus Gründen der Sicherheit im Rechtsverkehr die Errichtung eines waqf im Grundbuch einzutragen. Konstitutiv wirkte die Eintragung jedoch nicht[7], und zwar auch dann nicht, als sie im Libanon mit Gesetzesdekret Nr. 87 vom 30. 1. 1926 vorgeschrieben wurde. Nach den Erfahrungen der vergangenen Jahre sollte die Eintragungspflicht lediglich den Nachweis bestehenden

---

[1] Anderson, Recent Developments, S. 261.

[2] Siehe oben S. 16f.

[3] Schacht, Early Doctrines, S. 450.

[4] Krcsmárik S. 534; Santillana II S. 427; Bestawros Art. 22 Nr. 39 (TribCivAlex. 1921).

[5] Santillana II S. 428; Bestawros a. a. O.; Catala (I S. 218): 2 männliche Zeugen oder 1 männlicher Zeuge und 2 weibliche.

[6] Krcsmárik S. 570; Santillana II S. 429.

[7] Krcsmárik S. 545.

Waqfeigentums erleichtern[1]. Erst der Code de la Propriété (Arr. 3339) bestimmte in seinem Art. 176, daß der waqf nur vom Tage seiner Eintragung im Grundbuch ab rechtlich existent sei, dieser nunmehr konstitutive Wirkung zukomme.

Die Eintragung kann vorgenommen werden, wenn der Nachweis über die Errichtung der Stiftung erbracht ist. Der Stiftungsakt muß vom qāḍī aufgenommen und beurkundet werden[2]. Zugleich mit dieser Urkunde müssen dem Grundbuchamt Bescheinigungen vorgelegt werden, daß Nebenabgaben (Stempelgebühr u. ä.) bezahlt worden sind. Die Umwandlung von Privateigentum in einen waqf dhurrī wird mit einer Steuer von 2,5% belegt[3], während die Errichtung eines waqf khayrī steuerfrei ist[4]. In den Grundbüchern, in denen wie in Deutschland für jedes Grundstück ein besonderes Blatt geführt wird, werden unter Rubrik VII Eigentum und Verfügungsbeschränkungen eingetragen: Propriété — Tessarouf — Wakf — Usufruit. Name und Vorname des Eigentümers oder des mutawallī, der Begünstigten oder der sonstigen Berechtigten werden aufgeführt.

Bei einem durch letztwillige Verfügung errichteten waqf tritt an die Stelle der richterlichen Urkunde das staatlich registrierte Testament. Zwar ist die Registrierung fakultativ, doch bedarf das nicht registrierte Testament für seine Vollstreckbarkeit noch einer richterlichen Gültigkeitserklärung[5].

53

Da Abū Ḥanīfa in der Stiftung eine Schenkung causa mortis sah, gestattete er dem wāqif auch, seine Stiftung jederzeit zu widerrufen[6]. Diese Ansicht hat bereits frühzeitig zu Disputen Anlaß gegeben; denn vor allem die zwei bedeutendsten Schüler Abū Ḥanīfas, Muḥammad al-Shaybānī und Abū Yūsuf, wollten einen Widerruf nicht zulassen, da sie in der Errichtung eines waqf die Erfüllung heiliger, gottgeschuldeter Pflichten sahen[7]. Übereinstimmung bestand nur insoweit, als nach einem die Errichtung des waqf bestätigenden Urteil des qāḍī und der Eintragung seiner Entschei-

---

[1] Rapport 1926 S. 108; Busson d. J. 1953 S. 49.

[2] Vgl. Art. 6 Gesetz vom 10. 3. 1947.

[3] Gemäß Décret législatif Nr. 1848 vom 12. 6. 1959.

[4] Nach Art. 47 Décret Nr. 189 vom 25. 3. 1926 i. d. Fassung des Gesetzes vom 27. 12. 1957.

[5] Maḥmaṣṣānī, al-mubārī al-shar'iyya, S. 122f. Die Registrierung muslimischer Testamente bestimmt sich nach Art. 14 Décret législatif Nr. 241/NI. Für drusische Testamente siehe unten S. 82f.; für christliche siehe Art. 54ff. des Gesetzes vom 23. 6. 1959 und Tyan, Régime successoral, S. 65f.

[6] Schacht, Early Doctrines, S. 450.

[7] Santillana II S. 430.

dung ins Gerichtsregister[1] die Stiftung nicht mehr widerrufen werden konnte. Auf der Grundlage dieser einheitlichen Auffassung entwickelte sich dann die folgende Übung: der wāqif erscheint vor dem qāḍī, erklärt, einen waqf errichtet zu haben, widerruft und verlangt Wiedereinsetzung in sein Eigentum. Der ebenfalls anwesende mutawallī als Vertreter der Interessen der Begünstigten entgegnet, daß ein Widerruf nach Abū Yūsuf und Muḥammad nicht zulässig sei. Dieser Meinung schließt sich der qāḍī in seinem Urteil an, das dann vorschriftsgemäß registriert wird: damit ist die Errichtung des waqf endgültig unwiderruflich[2].

Dieser traditionelle Scheinprozeß hat sich im Libanon bei wohltätigen Stiftungen — der Stifter eines waqf dhurrī kann diesen gemäß Art. 7 Gesetz vom 10. 3. 1947 jederzeit widerrufen — bis auf den heutigen Tag erhalten[3]. Das libanesische Kassationsgericht hat dies in einem eingehenden Urteil bestätigt[4] und auf der Lehre Abū Ḥanīfas fußend bekräftigt, daß der wāqif seine wohltätige Stiftung solange widerrufen könne, als er sich einem Scheinprozeß nicht unterzogen habe. Ja, der Widerruf ist selbst dann noch zugelassen worden, wenn er in der waqfiyya ausdrücklich ausgeschlossen worden war[5].

Es ist müßig zu streiten, ob der Scheinprozeß vor allem der Sicherheit im Rechtsverkehr diente[6]. Schließlich ist die Publizitätswirkung öffentlicher Gerichtsverhandlungen stets begrenzt. Jedenfalls ist es auffallend, daß für die Errichtung eines waqf die (inzwischen eingeführte) Mitwirkung eines qāḍī nicht erforderlich war, daß aber dennoch der Richter die Wirksamkeit der Errichtung bestätigen mußte[7].

54

Der Wille des wāqif, wie mit der Stiftung zu verfahren sei, wird in der waqfiyya niedergelegt. Sie ist das „Gesetz" eines waqf, nach dem sich alle Beteiligten auszurichten haben und das vor allem der mutawallī seinen Entscheidungen zugrunde legen muß[8]. Die waqfiyya ist kein unerläßliches Bestandteil des Stiftungsakts: fehlt sie, dann obliegt es dem örtlichen qāḍī, das Vakuum auszufüllen. Der qāḍī entscheidet auch Streitigkeiten, die durch eine

---

[1] Das Fehlen der Eintragung schadet nicht (Krcsmárik S. 544f.; Santillana II S. 431 Anm. 206).

[2] Heffening S. 1187; Krcsmárik S. 533f.; Santillana II S. 430f.; Tyan, Organisation judiciaire, II S. 59.

[3] Also irrig Bousquet S. 29.

[4] CdCass. in N. Q. 1958 S. 274, unter Berufung auf Abū Ḥanīfa.

[5] Entscheidung Nr. 30 vom 28. 4. 1938 in RepJL S. 824.

[6] Tabbah S. 415.

[7] Vgl. CdApp. Beirut, Entscheidung Nr. 184 vom 10. 12. 1934.

[8] CdApp. Beirut in N. Q. 1949 S. 544ff.; Santillana II S. 443.

unklare Abfassung der waqfiyya hervorgerufen werden. Er ist gehalten, bei Zweideutigkeit einer Bestimmung den Willen des wāqif zu erforschen[1], unter Wahrung dessen Absichten auf einen Ausgleich zu drängen und, wenn der Stiftungscharakter überhaupt fraglich ist, im Zweifel für das Entstehen einer Stiftung zu entscheiden[2].

Der Stifter kann in der waqfiyya

1. die Lehre (madhhab) bestimmen, nach der die Stiftung auszurichten ist (der malekitische Stifter kann also die Anwendung hanefitischen Rechts auf den waqf bedingen und umgekehrt)[3];
2. den Verwalter der Stiftung benennen und Vorschriften anführen, an die sich dieser bei seiner Tätigkeit zu halten hat;
3. die Stiftung Bedingungen unterwerfen;
4. die Begünstigten bestimmen und ihnen Gebote und Verbote auferlegen.

Bedingungen sind unzulässig, wenn sie mit dem Wesen des waqf unvereinbar sind, z. B. die Errichtung des waqf an ein ungewisses Ereignis zu binden. Das gleiche gilt für Vorschriften, die den Interessen der Stiftung und der Begünstigten abträglich sind, beispielsweise die Erlaubnis des ersatzlosen Verkaufs des waqfierten Gutes oder das grundsätzliche Verbot von Reparaturen[4]. Umstritten sind die Folgen unzulässiger Bedingungen und Vorschriften. Beide Ansichten, daß eine unzulässige Bedingung als nicht geschrieben gelte oder aber die gesamte Stiftung ungültig mache, werden vertreten[5]. Für den Bereich des Familienwaqf herrscht nunmehr Klarheit, da Art. 12 jede unzulässige Bedingung, der die Stiftung unterworfen wird, für unbeachtlich erklärt und den waqf bestehen läßt. Ob eine Bedingung unzulässig ist, muß im Zweifel gerichtlich entschieden werden.

---

[1] CdApp. Beirut in N. Q. 1950 S. 40.

[2] CdApp. Beirut in N. Q. 1949 S. 544ff.

[3] Strittig; s. Santillana II S. 444 Anm. 267. Nach Milliot (S. 544f.) wird im Herrschaftsbereich des malekitischen Ritus dessen Forderung, der Stifter müsse den Besitz an der gestifteten Sache aufgeben (darüber unten S. 34), oft dadurch umgangen, daß der wāqif die Anwendung der hanefitischen Lehre auf seine Stiftung vorschreibe und sich in Übereinstimmung mit dieser dann als ersten Begünstigten einsetze.

[4] Vgl. Tabbah S. 412. Wohl kann der wāqif bestimmen, daß Reparaturen zu unterbleiben haben, wenn deren Kosten aus den laufenden Einnahmen nicht gedeckt werden können.

[5] Krcsmárik S. 537ff.; Kadri Pacha Art. 10ff. Für Unbeachtlichkeit der Klausel CdApp. Alex. 1892, für Ungültigkeit des waqf CdApp Alex. 1895 (Bestawros Art. 22 Nr. 48 resp. 49).

Art. 13 erwähnt an unzulässigen Auflagen, mit denen die Begünstigten beschwert werden könnten, nur die folgenden: Beschränkungen beim Eingehen der Ehe, bei der Wahl des Wohnsitzes und bei der Aufnahme von Krediten. Daß nur diese Fälle ausdrücklich genannt sind, erklärt sich aus der Häufigkeit ihrer früheren Verwendung. Auch ohne entsprechendes gesetzliches Verbot müssen in extensiver Auslegung des Art. 13 solche Auflagen als unzulässig angesehen werden, die die Freiheit des Begünstigten in seinem privaten Lebensbereich auf unzumutbare Weise einschränken, ganz zu schweigen von gesetz- und sittenwidrigen Ge- und Verboten.

Ausdrücklich zugelassen sind in Art. 14[1] die traditionellen „Zehn Vorbehalte"[2], die dem Stifter bzw. von ihm bestimmten Personen bei Beachtung der waqfgesetzlichen Bestimmungen die folgenden Befugnisse einräumen:

1 + 2: den Anteil eines Begünstigten zu erhöhen oder herabzusetzen (al-ziyāda wa-l-nuqṣān);

3 + 4: die Anzahl der Begünstigten zu vermehren oder zu vermindern (al-idkhāl wa-l-ikhrādj);

5 + 6: bestimmten Begünstigten bestimmte Nutznießungsrechte zuzuweisen oder vorzuenthalten (al-iʿtāʾ wa-l-ḥirmān);

7 + 8: die gestiftete Sache zurückzunehmen und durch eine andere zu ersetzen oder durch Geld für den Kauf einer neuen Wertersatz zu leisten (al-taghyīr wa-l-tabdīl);

9+10: die gestiftete Sache gegen eine fremde zu tauschen oder sie zu verkaufen mit der Verpflichtung der Wiederverwendung des Erlöses (al-istibdāl[3] wa-l-badal).

Von jedem der „10 Vorbehalte", die der Stifter sich selbst einräumt, kann er nur einmal Gebrauch machen, sofern er nicht ausdrücklich in der waqfiyya etwas anderes bestimmt hat[4]. Sollte es sich zum Beispiel erforderlich oder nützlich erweisen, einen weiteren Tausch vorzunehmen, d. h. die durch den bereits getätigten Tausch erworbene Sache nun ihrerseits zu tauschen, dann bedarf es zu einem solchen Rechtsgeschäft — sofern der wāqif für diesen Fall nicht bereits in der waqfiyya Vorsorge getroffen hat, indem er eine entsprechende Erlaubnis erteilte — der Genehmigung des qāḍī.

[1] Anders das ägyptische Gesetz, das die Verwendung der „10 Vorbehalte" nur noch dem Stifter gestattet (Anderson, Recent Developments, S. 264).

[2] Cotta S. 89ff.; Kadri Pacha Art. 120ff.; Sékaly S. 86.

[3] Dazu im einzelnen unten S. 42ff.

[4] Kadri Pacha, Art. 120 Nr. 2, Art. 121; Bestawros Art. 22 Nr. 80 (CdApp. Alex. 1914); Tabbah S. 429.

Für das Zustandekommen einer gültigen Stiftung ist schließlich noch erforderlich, daß der Begünstigte die Stiftung annimmt[1]. Die Annahme braucht nicht ausdrücklich erklärt zu werden, sie kann auch stillschweigend erfolgen, beispielsweise durch Besitzergreifung[2]. Bei religiösen und wohltätigen Einrichtungen, und insbesondere bei Personengruppen, die wie die Armen des Ortes keine Einheit bilden, ist sie nicht nötig. Wurden mehrere Begünstigte berufen, so bindet die Annahme nur denjenigen, der sie erklärt hat. Ein späterer Widerruf ist unzulässig. Gleichermaßen ist die Verweigerung der Annahme endgültig. Auch sie bindet nur den Betroffenen. Sein Anteil wird dann auf die anderen Begünstigten verteilt. Verweigern alle Begünstigten einer Generation die Annahme des waqf, so stehen die Erträge der nachfolgenden Generation zu.

Es ist kontrovers, ob neben der Annahme auch noch die Übergabe des gestifteten Gutes vorgenommen werden muß. Die Malekiten[3] fordern, daß sich der Stifter des Besitzes am gestifteten Gut entledigen müsse. Die Übergabe könne faktisch oder auch nur symbolisch im Beisein von Zeugen erfolgen[4] und sei in den Stiftungsakt aufzunehmen[5]. Die Hanefiten sind nicht einhelliger Meinung. Es scheint die Auffassung Abū Ḥanīfas und Abū Yūsufs vorzuherrschen, daß die Willenserklärung des Stifters für die Gültigkeit des waqf ausreicht[6]. Da zudem nach der herrschenden Lehre Abū Yūsufs der Stifter auch Begünstigter und Verwalter seines eigenen waqf sein kann[7], scheidet in solchen Fällen eine Übergabe ohnehin aus.

---

[1] Krcsmárik S. 547; Santillana II S. 431 Anm. 2 unter Hinweis auf hanefitische Autoren. A. M. Anderson, Recent Developments, S. 263: der vom libanesischen Gesetz nicht übernommene Art. 9 des ägyptischen Gesetzes, für die Gültigkeit einer Stiftung sei die Annahme nicht erforderlich, entspreche ohnehin hanefitischem Recht.

[2] Nach Maḥmaṣṣānī, Transactions, S. 192, ist eine bestimmte Form der Annahme vorgeschrieben.

[3] Santillana II S. 432; Mercier S. 79; Milliot S. 544f.; a. M. Heffening S. 1188.

[4] Santillana II S. 432.

[5] Mercier S. 79.

[6] Krcsmárik S. 539f.; d'Ohsson II S. 438; Van den Berg S. 127. Für das Erfordernis der Übergabe v. Tornauw S. 301 unter Berufung auf Querry I S. 583. Siehe auch Santillana II S. 432f.; Heffening S. 1187f. Bedeutung hat diese Frage in dem Fall, daß ein Anteil an einem unteilbaren Ganzen waqfiert werden soll. Das ist nur dann möglich, wenn eine Übergabe nicht erforderlich ist (Van den Berg S. 127). Siehe dazu oben S. 27f.

[7] Krcsmárik S. 554; d'Ohsson II S. 439; Van den Berg S. 128; Santillana II S. 444; Milliot S. 545; Art. 9, Gesetz vom 10. 3. 1947.

VI. Teil

DIE WIRKUNGEN DER ERRICHTUNG EINES WAQF

1 *Wirkungen auf den Stifter*

11

Sofern er sich in der waqfiyya keine Gestaltungsrechte vorbehalten hat, verliert der Stifter mit der Errichtung des waqf die Möglichkeit, Einfluß auf dessen Schicksal zu nehmen. Es obliegt nunmehr ausschließlich dem mutawallī, unter Befolgung der in der waqfiyya niedergelegten Instruktionen des wāqif allen Beteiligten zu ihrem Recht zu verhelfen. Nur bei einem nach dem 10. 3. 1947 errichteten waqf dhurrī kann der wāqif gemäß Art. 7 die Stiftung widerrufen oder Bedingungen ändern. Er kann ferner Begünstigter seiner eigenen Stiftung sein, bleibt für die Berechnung der zwei Generationen aber außer Ansatz (Art. 9). Dem wāqif stehen dann die Rechte eines Begünstigten zu, die jedoch an Umfang hinter den ihm durch Art. 7 eingeräumten Befugnissen zurückbleiben.

12

So einfach es für den Stifter ist, einen waqf zu errichten, um so größerere Schwierigkeiten bereitet es der islamischen Lehre und Rechtsprechung, die Natur des neuen Rechtssubjekts zu bestimmen und damit zusammenhängend eine Aussage über den Verbleib des Eigentums an der gestifteten Sache zu machen.

Das islamische Recht kennt die juristische Person als festumrissene rechtliche Institution nicht, wenngleich es zu unterscheiden weiß zwischen Personen, die wirklich existieren, und solchen, die nur in rechtlicher Hinsicht existent sind, wie z. B. eine Moschee oder eine Brücke[2]. Wohl gesteht es dem bayt al-mal, dem Fiskus, Rechts- und Geschäftsfähigkeit zu[3], nicht jedoch dem waqf[4], der vornehmlich als gottgefällige Schenkung und weniger als selbständiges rechtliches Gebilde angesehen wird. Außerhalb des traditionellen Systems wird die juristische Person durchaus akzeptiert: als Fiktion des europäischen Rechts könne sie dort übernommen werden, wo die in den Herrschaftsbereich der sharī'a eingeführten Schöpfungen dieses fremden Rechtskreises es erforderlich machen, so beispielsweise bei den Handelsgesellschaften. Mit solchen sei der waqf aber nicht zu vergleichen: er entstehe ohne staat-

[1] Heffening S. 1188; Padel-Steeg S. 64; Milliot S. 224; Bestawros Art. 22 Nr. 448 (CdApp. Alex. 1925).

[2] Santillana I S. 170.

[3] Santillana I S. 184.

[4] Nach Santillana (I S. 174) kommt zwar dem waqf „il carattere di vera e propria persona giuridica" zu; doch findet diese Ansicht für die damalige Zeit, soweit ersichtlich, keine weitere Unterstützung. Für die Gegenwart siehe unten S.36.

lichen Akt[1]. Ferner könne der waqf nicht in echter, eigener Verantwortung selbst handeln wie eine Gesellschaft, deren Vertreter durch freien Willensentscheid bestellt würden, und bei denen gleichsam eine Identität von wirtschaftlich Engagiertem und rechtlichem Vertreter bestehe oder bestehen könne. Dem waqf hingegen, der für alle Ewigkeit gestiftet werde, fromme Zwecke verfolge und deshalb besonders schutzwürdig sei, zwinge der Stifter oder der qāḍī einen Verwalter auf. Dieser könne deshalb den waqf auch nicht über bestimmte Grenzen hinaus verpflichten, sondern bleibe persönlich verantwortlich wie der Vormund eines Minderjährigen, für welchen dieser so wenig hafte wie die Stiftung für den mutawallī. Kurzum, die sharī'a kenne die juristische Person nicht, und da auch kein Gesetz dem waqf deren Status verleihe, habe er keine Rechtspersönlichkeit[2].

Trotz dieser eindeutigen gerichtlichen Stellungnahme ergingen zuvor bereits Entscheidungen, die einen gedanklichen Zwiespalt deutlich erkennen ließen. „La personnalité civile du wakf est concentrée dans son mutawalli[3]", heißt es einmal, und dann später, nicht weniger gewagt, ist von der „collectivité de l'être moral qu'on appelle wakf", die „personnalité et intérêts propres" habe, die Rede[4]. Wenn Tabbah[5] 1947 noch versuchte, den Nachweis für die personne morale des waqf u. a. über einen Vergleich mit der Stiftung deutschen Rechts zu führen[6], so hat sich die Rechtsprechung inzwischen zu einer modernen Lösung durchgerungen und dem waqf bescheinigt, eine juristische Person zu sein[7]. Das Personenstandsgesetz der katholischen Religionsgemeinschaften aus dem Jahre 1956 folgt in seinem Art. 257 dieser Auffassung.

---

[1] Eine Ingerenz des Staates ist zwar nunmehr durch die vorgeschriebene Eintragung des „Immobiliar"waqf im Grundbuch gegeben. Selbst wenn diese konstitutiv wirkt, so ist sie damit doch nicht zu einem dogmatisch echten Bestandteil des waqf geworden. Die Möglichkeit, einen „Mobiliar"-waqf ohne staatliches Mitwirken errichten zu können, beweist dies.

[2] Bestawros Art. 22 Nr. 166 (CdApp. Alex. 1935); Nr. 448 (CdApp. Alex. 1925).

[3] Bestawros Art. 22 Nr. 136 (CdApp. Alex. 1896).

[4] Bestawros Art. 22 Nr. 212 (CdApp. Alex. 1903).

[5] S. 399.

[6] Im übrigen durchaus zu Unrecht; denn nach § 80 BGB bedarf die rechtsfähige Stiftung zu ihrer Entstehung außer dem Stiftungsgeschäft noch der staatlichen Genehmigung als echtem konstitutiven Element. Dasselbe galt für die ihrer Zielsetzung nach mit dem waqf verwandten Familienstiftung des preußischen Rechts. Ein Vergleich mit der unselbständigen Stiftung bietet sich nicht an, weil diese eben keine eigene Rechtspersönlichkeit hat.

[7] CdApp. Montliban in N. Q. 1955 S. 476; Lit. bei Catala I. S. 225 Anm. 122.

13
Dieses Ergebnis langwieriger Auseinandersetzungen erscheint jedoch nur dann sinnvoll, wenn der waqf aufgrund der ihm zugestandenen Rechtsfähigkeit auch zum Inhaber von Rechten wird. (Daß der waqf weiterhin nicht für den vom mutawallī verursachten Schaden wie z. B. die Stiftung deutschen Rechts gemäß §§ 86, 31 BGB haftet, erklärt sich aus seiner privilegierten Natur als fromme, wohltätige Stiftung). Es bietet sich an, die Stiftung als Eigentümer der gestifteten Sache aufzufassen. Bisher ist jedoch insoweit mit der traditionellen Lehre nicht gebrochen worden.

Der Disput über den Verbleib des Eigentums an der waqfierten Sache lebt deshalb auch heute noch. Übereinstimmung hat stets nur insoweit bestanden, als bloßes Eigentumsrecht (*raqaba*) und Nutznießungsrecht (*taṣarruf*) verschiedenen Inhabern zugewiesen wurden, und zwar letzteres den Begünstigten. Nach der Lehre Abū Ḥanīfas, die dem Stifter den Widerruf gestattet, bleibt ihm das Eigentum bis zu seinem Tode und geht dann auf die Erben über[1]. Nach Abū Yūsuf und Muḥammad hingegen erfüllt der wāqif mit der Errichtung einer Stiftung eine fromme Pflicht[2]. Er verzichtet auf das Eigentum zugunsten Gottes[3] und weist das Nutznießungsrecht bestimmten Einrichtungen oder Personen zu[4].

Es ist naheliegend, daß vornehmlich unter dem Einfluß westlicher Vorstellungen eine Abkehr von der Lehre Abū Yūsufs und Muḥammads erstrebt wurde. Zwangsläufig mußte insbesondere dann eine neue Theorie aufgestellt werden, als der religiöse Bezug des waqf überhaupt geleugnet und vor allem der waqf dhurrī als

---

[1] Schacht, Early Doctrines, S. 447, 450; Heffening S. 1188. Abū Ḥanīfa ließ auch den Eigentumsübergang auf die Begünstigten zu, was aber voraussetzt, daß es sich um einen bestimmten oder bestimmbaren Personenkreis handelt, wie die eigene Familie oder die armen Nachbarn (Schacht, a. a. O.).

[2] Der waqf erhält dadurch gleichsam vertraglichen Charakter (Santillana II S. 436 Anm. 230).

[3] Heffening S. 1188; Chiha S. 53; Van den Berg S. 127; v. Tornauw S. 295, 300; Fyzee S. 238; Tyan, Organisation Judiciaire, Band II S. 53; Shaykh M. Bakhīt, ehem. Großmuftī Ägyptens, bei Sékaly S. 423. Nach Heffening (S. 1188) und anderen wird durch diese Lehre jedoch nur das Eigentumsrecht des Stifters und aller anderen Sterblichen verneint.

[4] Nach Santillana II S. 436 wird diese Ansicht auch innerhalb der malekitischen Lehre vertreten. Vorherrschend ist dort jedoch die Theorie, daß der Stifter, gemäß einer Definition Ibn ʿArafas, Eigentümer der gestifteten Sache bleibe, und zwar real während seines Lebens und fiktiv nach seinem Tode (Mercier S. 11; Milliot S. 555; Busson d. J. 1951 S. 7; Santillana II S. 435f.). Allerdings erscheint es verfehlt, in dieser Theorie die allgemein herrschende Auffassung und deshalb „la véritable doctrine musulmane" zu sehen (so Milliot S. 555).

humanitäre und nicht mehr als religiöse Einrichtung gesehen wurde. Doch selbst bei weniger radikalen Vorstellungen werden sich die Lösungsvorschläge nach der dem waqf noch zugeschriebenen Intensität seines religiösen Gehalts ausrichten müssen.

Das waqf-dhurrī-Gesetz hat sich gegen den waqf als Eigentümer des gestifteten Gutes entschieden. Es erhält dem Stifter bzw. seinen Erben das Eigentumsrecht in dem Maße, wie sie als Begünstigte eingesetzt sind, nur daß sie es für die Dauer der Bindung nicht ausüben können. Raqaba und taṣarruf werden also nicht getrennt, sondern stehen geschlossen den Begünstigten zu. Zum selben Ergebnis kam bereits die Entscheidung der Cour d'Appel Alexandrien vom 8.1.1896[1]: „La nue propriété appartient ... à l'institut pieux désigné auquel doit à la fin passer aussi l'usufruit"[2]. Hier stehen Eigentums- und Nutznießungsrecht, wenn die nutzungsberechtigten persönlichen Begünstigten fortgefallen sind, der frommen oder wohltätigen Einrichtung zu. Das Eigentum bleibt jedoch gebunden; eine Verschmelzung zum „mulk", zum verfügungsfreien Eigentum, findet nicht statt. Zweifellos wäre insbesondere im Fall des waqf-dhurrī-Gesetzes der Weg über die Stiftung als juristische Person und Eigentümer gangbar gewesen; denn es bleibt ein wenn auch akademisches Problem, wie sich die selbstverfügte „Bindung" in die Rechtskategorien des aus westlichen Ländern übernommenen Zivilrechts einpaßt.

Cattan[3] hält die Argumentation, daß der waqf eine juristische Person sei und das Eigentumsrecht an der gestifteten Sache innehabe, für eine juristische Fiktion und als solche für eine schwache und nicht wünschenswerte Erklärung. Er schlägt statt dessen vor, daß „the ownership is appropriated to the permanent object of the waqf and for that reason is immobilized and cannot be exercised by anyone". Der Vorteil einer solchen Formulierung ist schwer einzusehen, zumal sie außer Betracht läßt, warum derartige Überlegungen überhaupt angestellt werden. Die Institution des waqf, eine frühe Schöpfung muslimischer Frömmigkeit, wurde in den vielen Jahrhunderten ihres Bestehens durch Lehre und Rechtsprechung vollständig — wenn auch in verschiedenen Detailfragen kontrovers — ausgestaltet. Eine objektiv „richtige" Erklärung, was mit dem Eigentum der gestifteten Sache geschieht, ist also nicht vonnöten: das Nebeneinander so vieler Theorien veranschaulicht dies. Die Erklärung soll nur ermöglichen, den waqf den veränderten sozialen und wirtschaftlichen Bedingungen anzupassen und ohne störende Atavismen in die moderne Systematik des

[1] Bestawros Art. 22 Nr. 452.
[2] So, nach Tabbah (I S. 397 Anm. 7), auch Clavel in Le Wakf ou Habous, I Nr. 23 und 87. Siehe auch Busson d. J. 1951 S. 7; Heffening S. 1188.
[3] S. 208.

Rechts einzugliedern[1]. Daß der Wunsch nach einer Modernisierung der sharī'a stark ist, dafür bietet das Waqfrecht selbst den besten Beweis.

2 *Wirkungen auf das gestiftete Gut*

21

Die waqfierte Immobilie[2] scheidet aus dem dinglichen Rechtsverkehr aus. Sie wird zu einem Gut der Toten Hand; denn sie kann nicht mehr Gegenstand einer Verfügung sein. Art. 174 des Code de la Propriété (Arrêté Nr. 3339) zählt die unzulässigen Verfügungen vorsichtshalber auf:

> L'immeuble grevé d'un wakf est inaliénable. Il ne peut être cédé ni à titre gratuit, ni à titre onéreux[3], ni transmis par voie d'héritage; il ne peut être donné en nantissement ou hypothéqué[4].

In das Verbot werden nach herrschender Meinung diejenigen Sachen nicht einbezogen, die mit den Erträgen des waqf erworben wurden[5]. Über sie kann der mutawallī im Sinne der Stiftung ohne Beschränkung verfügen. Unbenutzbare und unbrauchbare Materialien dürfen verkauft werden. Die Erlöse müssen jedoch zweckgebunden, nämlich zur Erhaltung des waqf, verwendet werden[6].

22

Der Grundsatz der Unveräußerbarkeit kennt drei Durchbrechungen:

---

[1] Busson d. J. (1951, S. 8) wiederum glaubt, daß die Lehre Muḥammads, wonach das Eigentum an der gestifteten Sache verloren ginge, ohne daß es irgendjemand übertragen werde, allein der Wirklichkeit (faits) ententspreche und kommt zu dem Schluß: „Le bien a un statut propre découlant de l'acte de fondation; il est soustrait au régime de la propriété individuelle et constitue une nouvelle forme de propriété". Es will nicht einleuchten, warum das Sachenrecht um des waqf willen um eine neue Form des Eigentums bemüht werden muß.

[2] Für Mobilien gilt grundsätzlich dasselbe, nur werden die Beschränkungen zwangsläufig weniger streng respektiert werden.

[3] Der Kaufvertrag über eine waqfierte Immobilie ist nichtig, da es nach Art. 174 CP verboten ist, waqf-Immobilien zu verkaufen und da nach Art. 382 CO ein Kaufvertrag ungültig ist, der eine unveräußerliche Sache zum Gegenstand hat (CdCass. in N. Q. 1959 S. 527).

[4] Wenngleich Art. 174 die hypothekarische Belastung ausschließt, soll sie nach einem Beschluß der Cour d'Appel mixte, Beirut, vom 13. 5. 1942 (RepJL S. 837) unter Berufung auf Regeln des islamischen Rechts dann zulässig sein, wenn die waqfiyya sie ausdrücklich gestattet (siehe auch Santillana II S. 445).

[5] Krcsmárik S. 562; Santillana II S. 438; d'Ohsson II S. 551f.

[6] D'Ohsson II S. 440f.

221 den gutgläubigen Erwerb eines Rechts an waqfiertem Gut (entsprechend § 892 BGB);
222 die Ersitzung waqfierten Gutes;
223 den Tausch (istibdāl).

221

Der gutgläubige Erwerber eines Grundstücks oder eines Rechts an einem Grundstück, das im Grundbuch nicht als waqf ausgewiesen ist, wird gemäß Art. 13 Arrêté Nr. 188 vom 15. 3. 1926 in der Fassung des Arrêté Nr. 45/LR vom 20. 4. 1932 geschützt. Hier hat die sharī'a dem modernen Zivilrecht um der Rechtssicherheit willen weichen müssen. Zwar bleibt der Stiftung der Anspruch auf die vom Erwerber erbrachte Gegenleistung, die an die Stelle des waqfierten Gutes tritt. Doch da sich dieser Anspruch in der Regel gegen den Verkäufer richtet, wird er nicht immer den Schaden ersetzen können[1].

222

Gemäß Art. 1661 der madjalla verjährt das Recht des mutawallī, das Eigentum des waqf geltend zu machen, nach 36 Jahren. Alle anderen dinglichen Rechte und zwar auch solche, die wie idjāratayn und muqāṭa'a als quasidingliche Rechte an Stiftungen bestehen, können nach Ablauf einer Verjährungsfrist von 15 Jahren nicht mehr geltend gemacht werden[2] (Art. 1660). Aus beiden Bestimmungen folgt, daß ein Verlust des Eigentums nicht eintritt: das Recht eines Muslim geht nicht durch Zeitablauf verloren[3]. Der Eigentümer ist nach Fristablauf nur nicht mehr berechtigt, sein Eigentum auf dem Klagewege geltend zu machen. Die Verjährung besteht somit im Verlust des Klagerechts, aber auch nur dann, wenn der Beklagte den Rechtsanspruch aus diesem Grunde in Abrede stellt, also eine Einrede erhebt[4]. Eine Ersitzung in der Form des Eigentumerwerbs entsprechend §§ 900, 937 BGB, als „prescription acquisitive" im Gegensatz zur „prescription extinctive", war also nicht bekannt.

Die Rechtslage im Libanon läßt die Klarheit einer gesetzlichen Regelung vermissen. In einer Entscheidung aus dem Jahre 1933[5] stellt das erkennende libanesische Gericht fest, daß die ägyptische Rechtsprechung einem waqf nicht gestattet, mittels seines muta-

---

[1] Tabbah S. 430f.

[2] Ausgenommen Art. 1662: bei Grunddienstbarkeiten zugunsten („des Eigentümers") eines waqfierten Grundstücks beträgt die Verjährungsfrist 36 Jahre. — Anders die malekitische Lehre; siehe Santillana I S. 342f.; Milliot S. 627.

[3] Hadīth, zitiert bei Santillana I S. 341.

[4] Krcsmárik S. 575.

[5] Veröffentlicht in RepJL S. 838.

wallī durch Ersitzung Rechte zu erwerben. Zwar kenne das moderne ägyptische Zivilrecht Eigentumserwerb durch Ersitzung nach 15 Jahren. Der waqf als religiöse Institution entstehe aber durch einen ausdrücklichen und formellen Akt, und dieser könne nicht durch die formlose Ersitzung ersetzt werden, zumal wenn die Unveräußerbarkeit der Immobilie die Folge sei. Mit der Feststellung, daß die von der ägyptischen Rechtsprechung erarbeiteten Prinzipien „par identité des motifs" Anwendung fänden, schließt sich das libanesische Gericht diesem Ergebnis an. Art. 37 des Arrêté Nr. 186 vom 15. 3. 1926, der die Umschreibung von Immobilien im Grundbuch nach Ablauf der Verjährungsfristen gestattet und damit den Eigentumsübergang bestätigt, dürfe gleich dem ägyptischen Zivilrecht auf dem Gebiet des Waqfrechts nicht angewendet werden. Ein waqf könne durch die Norm des Art. 37 also weder ein Recht erwerben, noch eines Rechtes verlustig gehen. Art. 1661 der madjalla, der auf den Sachverhalt der prescription extinctive abstellt, blieb außerhalb dieser Erörterungen.

In einer Anmerkung zu dieser Entscheidung, die ohne Datum in dem 1947 erschienenen Répertoire de Jurisprudence Libanaise (1924—1946) aufgenommen ist, heißt es dagegen, daß die oben erläuterte Auffassung der ägyptischen und libanesischen Gerichte inzwischen aufgegeben worden sei und daß nunmehr auch ein waqf ersitzen könne. Allerdings seien sich die Gerichte noch nicht über die Frist einig . . . Begründet wird der Meinungswechsel mit dem Fehlen eines entsprechenden ausdrücklichen gesetzlichen Verbots[1]. Diese neue Meinung scheint Bestätigung zu finden in einem Urteil der Cour d'Appel Südlibanon vom 5. 10. 1955[2]. Da der CP die Sonderregelung für Stiftungen aufgehoben habe (ausgenommen bleibt nach Art. 178 CP die prescription acquisitive von Waqfimmobilien, die Moscheen, Kirchen, Schulen und Krankenhäusern dienen), könnte im Wege der prescription acquisitive des Art. 257 CP auch an einem waqf Eigentum erworben werden. Zwar bestimme der CP keine speziellen Fristen, doch hätten 5 Jahre für den gutgläubigen und 15 Jahre für den bösgläubigen Besitzer zu gelten. Der Eigentumserwerb durch einen waqf in der Form, daß der mutawallī innerhalb der genannten Fristen Besitz ausübt, muß daraus folgend nunmehr auch gestattet sein. Verfehlt erscheint indes der Hinweis eines Urteils der Cour de Cassation[3], die neuen Verjährungsfristen hätten die der madjalla, nämlich 36 Jahre gemäß Art. 1661, abgelöst. Wie bereits ausgeführt, kannte

---

[1] Unter Hinweis auf das Bulletin de Législation et Jurisprudence Egyptienne, 1929, S. 112.

[2] N. Q. 1955 S. 392.

[3] Entscheidung Nr. 111 vom 16. 7. 1937 in RepJL S. 843.

die madjalla die nunmehr zugelassene prescription acquisitive nicht, regelte also einen anderen Sachverhalt[1].

Aus den gesetzlichen Bestimmungen und angeführten Entscheidungen ergibt sich folgende Übersicht:

Die prescription acquisitive, der Eigentumserwerb nach Zeitablauf, ist gestattet

a. dem freien Eigentümer;

b. dem waqf, vertreten durch seinen mutawallī, und zwar sowohl dem waqf khayrī als auch dem waqf dhurrī.

Sie kann ausgeübt werden

a. am freien Eigentum (mulk);

b. am waqf, aber gemäß Art. 178 CP nur am waqf dhurrī. Am waqf khayrī kann durch Zeitablauf kein Eigentum erworben werden. Der mutawallī eines waqf khayrī verliert jedoch nach 36 Jahren Fremdbesitz das Recht, das Eigentum des waqf geltend zu machen (prescription extinctive), Art. 1661 madjalla.

223

Der Tausch (istibdāl)[2] — und in der rechtlichen Behandlung gleichgestellt, obwohl es sich um ein anderes Rechtsgeschäft handelt, der Verkauf bei Wiederverwendung des Erlöses (badal)[3] — fand bereits Erwähnung im Zusammenhang mit den Befugnissen des wāqif, sich oder anderen das Recht vorzubehalten, die waqfierte Sache gegen eine andere zu tauschen (10 Vorbehalte). Folglich handelt es sich beim Tausch keineswegs um eine Neuerung, sondern um eine durchaus im traditionellen Waqfrecht der sharī'a verankerte Einrichtung, die jedoch reformerischen Bestrebungen wertvolle Ansatzpunkte bot.

In der frühen Erörterung, wie weit der Rahmen des erlaubten Tausches zu ziehen sei, herrschte die auch von Muḥammad und Abū Yūsuf vertretene Meinung vor, daß Verkauf und Tausch immer dann zulässig seien, wenn damit ein wirtschaftlich vorteilhaftes Geschäft verbunden werden könne. Andere Autoren hingegen gestatteten die Veräußerung eines waqf nur dann, wenn er keinen Ertrag mehr abwarf, und eine dritte Meinung verbot Tausch und Verkauf in jedem Falle[4].

---

[1] So auch Tabbah I S. 425.

[2] Das Wort istibdāl bedeutet gleichzeitig Tausch, Ersatz der vertauschten durch die eingetauschte Sache und deren Verwendung (Catala I S. 222).

[3] Dasselbe gilt bei behördlichen Enteignungen: der als Entschädigung gezahlte Betrag muß für einen Neuerwerb Verwendung finden (Krcsmárik S. 564; Conseil d'Etat in N. Q. 1947 S. 351).

[4] Krcsmárik S. 563.

Neben der sharī'a, auf die sich Art. 179 CP[1] und Art. 4 des Gesetzes vom 10. 3. 1947 als gültiges Recht beziehen, hat der Gesetzgeber den istibdāl durch Arrêté Nr. 80 vom 29. 1. 1926[2] sowie durch Décision Nr. 3 des Conseil Supérieur des Wakfs Musulmans, mit Gesetzeskraft versehen durch Arrêté Nr. 156/i vom 16. 12. 1931, geregelt. Auf beide bezieht sich wiederum Art. 23 Gesetz vom 10. 3. 1947, wenn es im Rahmen der Teilung des waqf istibdāl vorschreibt.

Arrêté Nr. 80 erlaubt istibdāl für alle bebauten oder unbebauten Grundstücke, ausgenommen Moscheen[3] (Art. 1), gegen Zahlung des Wertes oder Hingabe eines Grundstücks gleichen Wertes (Art. 2). Inhaber von idjāratayn- und muqāṭā'a-Rechten können, Inhaber von ḥikr-Rechten[4] müssen istibdāl des Grundstücks, daß sie auf Grund der genannten Verträge besitzen, beantragen (Art. 4). Falls der aus einem ḥikr-Vertrag Berechtigte dem gesetzlichen Gebot nicht innerhalb eines Jahres entsprach, wurde das Grundstück auf ihn überschrieben und die Rechte des waqf durch Eintragung einer Hypothek abgelöst (Art. 5). Der Kaufpreis beträgt grundsätzlich 30 Jahresrenten (Art. 7). Die Wiederverwendung des Erlöses, über die die Waqfverwaltung wacht, richtet sich nach der Art der Stiftung (Art. 12): in Betracht kommen kann je nach Höhe des Erlöses Neuerwerb oder Reparatur anderer, der Stiftung gehörender Gebäude. Sie muß auch bei Familienstiftungen vorgenommen werden[5]. Die neuerworbenen Sachen bzw. die Immobilie, die gegen eine waqfierte eingetauscht wurde, treten an die Stelle der alten, und zwar ohne Einschränkung auch in rechtlicher Hinsicht.

Arrêté Nr. 156/i in Verbindung mit Décision Nr. 3 erweitert den Kreis der möglichen Antragsteller für istibdāl auf diejenigen, die keine quasidinglichen Rechte innehaben (Art. 4). Zu diesem Zweck werden parzellierbare Grundstücke[6] aufgeteilt und auf Antrag öffentlich versteigert. Wenn das Höchstgebot unter dem Schätzwert liegt, kann der Antragsteller das Grundstück zum Schätzwert erwerben (Art. 10). Ein Vorkaufsrecht steht bei landwirtschaft-

---

1 CdApp. mixte, 20. 3. 1940, in RepJL S. 843.

2 Über die Beweggründe, die zum Erlaß dieses Arrêté führten, siehe oben S. 14.

3 In Art. 3 Arr. Nr. 156/i ist dann schon von „établissements religieux" die Rede. Die christlichen Stiftungen werden also in den Schutz einbezogen.

4 Auf den ḥikr-Vertrag läuft die allgemein gehaltene Bestimmung praktisch hinaus.

5 Vgl. CdCass. in N. Q. 1954 S. 832.

6 Städtische Grundstücke müssen mindestens 1000 qm, vorstädtische 2000 qm betragen. Bei landwirtschaftlicher Nutzfläche siehe Arrêté Nr. 275 vom 5. 5. 1926.

licher Nutzfläche dem Bearbeiter sowie den Bewohnern des Dorfes zu, in dem das zu versteigernde Grundstück belegen ist. Hier wiederum hat derjenige Vorrang, dessen Land dem versteigerten Grundstück am nächsten liegt[1]. Der Kaufpreis kann in mehreren Raten bezahlt werden, die den von der waqfiyya vorgesehenen Zwecken zukommen[2].

Die aufgeführten Einzelheiten der gesetzlichen Regelung verdeutlichen einmal die gewissenhaften und verständigen Bemühungen der verantwortlichen Stellen, das System des Waqfrechts auf wirtschaftlich gesunde Füße zu stellen. Weiter zeigen sie, wie notwendig der Wiedereingliederungsprozeß war und wie sehr auf die individuellsten Interessen Rücksicht genommen wurde. Dabei versteht sich, daß die Ausweitung des von der sharī'a erlaubten istibdāl auf Kosten der subtilen Erwägungen ging, die in den vorausgegangenen Jahrhunderten über seine Zulässigkeit angestellt worden waren[3]. Das neue Gut müsse denselben Wert haben, von derselben rechtlichen Natur sein und sich am selben Ort befinden, wurde unter anderem gefordert[4]. Das Erfordernis der richterlichen Einwilligung[5] hingegen blieb in veränderter Form weiter bestehen: die früher dem qādī zustehenden Kompetenzen liegen heute bei den Waqfverwaltungsräten, die gemäß Art. 58 Z. 7 der Gesetzesverordnung Nr. 18 vom 13. 1. 1955 Anträge auf istibdāl überprüfen[6] und bescheiden sowie die Bedingungen für die Verwendung des aus dem istibdāl erzielten Erlöses festsetzen. Die Beschlüsse der Verwaltungsräte bedürfen dann noch der Genehmigung des Hohen Islamischen Shar'ī-Rates (Art. 39 Z. 4b).

23

Wenn die kurzfristige Vermietung[7] (idjāra) als rein obligatorisches Rechtsgeschäft das Prinzip der Unveräußerbarkeit des waqf nicht antastet, so gilt gleiches nicht von der langfristigen Vermie-

---

[1] Gemäß Art. 11 der „Instructions portant application des dispositions de la Décision Nr. 3 du Cons. Sup. des Wakfs".

[2] Busson d. J. 1953 S. 50f.

[3] Siehe insbesondere bei Dib, S. 348, Hinweise auf die schier unerschöpfliche Kasuistik der klassischen Autoren. So ist z. B. istibdāl zulässig, wenn sich der waqf in den Händen eines Tyrannen befindet, der wohl die Herausgabe, nicht aber den Tausch verweigert.

[4] Siehe Krcsmárik S. 563.

[5] Sie ist immer dann erforderlich, wenn der Stifter von dem in der waqfiyya stipulierten Vorbehalt bereits Gebrauch gemacht oder einen solchen Vorbehalt nicht erklärt hat (Bestawros Art. 22 Nr. 85, 86 [CdApp. Alex. 1898 und 1914]).

[6] Vor Erlaß der Gesetzesverordnung standen diese Befugnisse den gemäß Art. 24 Z. 16 und Art. 9 Z. 2 Déc. 10/Arr. 157/i zuständigen Verwaltungsräten zu; vgl. CdCass. N. Q. 1954 S. 832.

[7] Ihr ist in der rechtlichen Behandlung gleichgestellt die Verpachtung.

tung. Zwar verbleibt auch hier das bloße Eigentum dem Inhaber, wer auch immer dies sein mag; doch wird das Nutzungsrecht (taṣarruf[1]) für praktisch unbefristete Zeit einem Mieter übertragen, der es seinerseits weiter zedieren und vererben kann. Es findet, wie es in der französischen Terminologie heißt, eine „quasi-aliénation" statt. Der Mieter wird wirtschaftlich gesehen zum Eigentümer, ja, die Grenzen verwischen sich derart, daß das durch den Mietvertrag erworbene Nutzungsrecht für ein übertragbares Eigentum gehalten wird[2]. Die oben erläuterte Möglichkeit, auf dem Wege des istibdāl durch Ablösung der raqaba volles Eigentum an der Mietsache zu erwerben, unterstreicht einerseits, daß die Rechtsposition des waqf durch Vermietung des gestifteten Gutes grundsätzlich nicht verändert wurde. Andererseits verdeutlicht sie aber die fast vollständige wirtschaftliche Aushöhlung dieser Position.

Wenn also die langfristige Vermietung den Grundsatz der Unveräußerbarkeit des waqf nicht durchbricht, so sind ihre dinglichen Wirkungen doch so stark, daß eine Behandlung des Komplexes der langfristigen Mietverträge in diesem Zusammenhang gerechtfertigt erscheint. Im Sinne einer geschlossenen Darstellung wird an den Anfang der Ausführungen die kurzfristige Vermietung gestellt.
231

Um überhaupt Erträge abwerfen zu können, müssen die nutzbaren[3] waqfierten Immobilien, awqāf musaqqafāt und awqaf mustaghallāt, vermietet oder verpachtet werden. Den Vertrag schließt der mutawallī als allein Vertretungsberechtigter der Stiftung ab. Er muß sich bei der Vereinbarung der Vertragsbedingungen strikt an die Vorschriften der sharī'a halten, sofern nicht die waqfiyya oder der qāḍī ihn ermächtigen, von den gesetzlichen Vorschriften abzuweichen.

Mieter bzw. Pächter kann jedermann sein, also auch ein Begünstigter, hingegen nicht der mutawallī selbst wegen der bestehenden Interessenkollision[4]. Die Dauer der Miete darf drei Jahre nicht übersteigen[5]. Diese enge zeitliche Begrenzung bezweckte, die Er-

[1] Siehe zu taṣarruf unten S. 53 Anm. 3.

[2] So Al-Moutabassir S. 331.

[3] Außer Betracht bleiben religiöse, wohltätige oder sonstige Einrichtungen, die ihren Zweck in sich selbst erfüllen, wie Moscheen, Krankenhäuser u. a. m. Andererseits kann diesen Institutionen gestifteter Grundbesitz gehören, den sie dann ebenfalls vermieten oder verpachten müssen.

[4] Krcsmárik S. 565; Bestawros Art. 22 Nr. 273 (CdApp. Alex. 1916/17).

[5] Krcsmárik S. 565. Nach der sharī'a dürfen Gebäude (musaqqafāt) für nicht länger als ein Jahr vermietet werden, während bei landwirtschaftlich nutzbarer Fläche (mustghallāt) die Pachtdauer drei Jahre betragen darf. Durch osmanisches Gesetz von 1881 wurde diese Frist auch für Gebäude eingeführt (Heidborn I S. 316 Anm. 266). Eine solche Einheitsfrist von drei Jahren war in Ägypten ohnehin schon üblich gewesen (Tabbah S. 433).

innerung an den waqf wachzuhalten und der Gefahr der Ersitzung vorzubeugen. In besonderen Fällen[1], und zwar vornehmlich dann, wenn die für die Reparatur eines waqf erforderlichen Geldmittel beschafft werden müssen[2], kann der mutawallī mit Genehmigung des qāḍī statt des kurzfristigen, *idjāra waḥīda* (einmalige Vermietung) genannten Vertrages einen langfristigen (*idjāra ṭawīla*) abschließen, bei dem für den vereinbarten Zeitraum der Mietzins im voraus zu entrichten ist. Seine Genehmigung darf der qāḍī nur nach sorgfältiger Prüfung aller wirtschaftlichen Gegebenheiten erteilen. Das gesetzliche Verbot, Waqfimmobilien länger als drei Jahre zu vermieten, wird offiziell in der Form umgangen, daß anstatt eines einzigen gleich mehrere Verträge[3] geschlossen werden, die ihrerseits die Dreijahresfrist nicht überschreiten. Der Gefahr der Ersitzung durch den Mieter wird in der Form begegnet, daß dieser eine jährliche Anerkennungsgebühr zahlen muß[4]. Die Höhe des Mietzinses kann unter gewissen Voraussetzungen heraufgesetzt werden[5]. — Gebäude, die der Mieter auf dem waqfierten Grundstück errichtet, fallen nach Ablauf des Mietvertrages entschädigungslos an den waqf, sofern sie für diesen nutzbringend sind. Sonst muß der Mieter den alten Zustand wieder herstellen[6].

232

Die Einführung der idjāra ṭawīla hatte den bestehenden Schwierigkeiten jedoch kaum abhelfen können, da nur wenige zu den beträchtlichen Mietvorauszahlungen bereit waren. Welche Mieter oder Pächter konnten Interesse gewinnen, auf lange Sicht zu planen oder gar Investitionen vorzunehmen, wenn sie selbst davon möglicherweise keinen oder nur geringen Nutzen haben, ihre Aufwendungen dem eigenen Vermögen nicht erhalten bleiben würden? Sie versuchten deshalb oft, ohne Rücksicht auf die Miet- oder Pachtsache, auf übergeordnete Interessen und soziale Bedenken in der kurzen Zeitspanne so viel wie möglich zu erwirtschaften. Zugleich war die Ansammlung riesigen Grundbesitzes wirtschaftlich

---

[1] In der madjalla ist die Berechtigung zu einer Ausnahmeregelung in Art. 21 normiert: „La force majeure rend licite ce qui est prohibité".

[2] Ursache für Beschädigungen waren oft Brände, denen die aus Holz errichteten Häuser türkischen Stils zum Opfer fielen. Da die Verwalter gewöhnlich aus den Einnahmen keine Reserven gebildet hatten, konnten die Stiftungen aus eigener Kraft die Reparaturen oder den Wiederaufbau nicht vornehmen (Heidborn I S. 316).

[3] Wenn ohne Genehmigung des qāḍī mehrere Verträge geschlossen werden, so ist nur der erste gültig (CdApp. mixte Beirut, 1942, in RepJL S. 836).

[4] Krcsmárik S. 565; Heidborn I S. 316f.; Tabbah S. 433f.

[5] CdApp mixte, Beirut, 1942, in RepJL S. 836.

[6] Ebenda.

ungesund und schädlich, wenn auch durch — zwar unzulässige — Beschlagnahmen des Staates und Veruntreuungen der Verwalter ein gewisser regulativer Ausgleich geschaffen wurde. Der Boden wurde nicht intensiv bewirtschaftet, neue landwirtschaftliche Methoden nicht eingeführt. Gebäude, für deren Reparatur keine Mittel vorhanden waren, verfielen. In jeder Stadt bot sich das traurige Schauspiel verkommener und verfallener Häuser, die nicht verkauft werden durften und aus Geldmangel nicht wieder instand gesetzt oder aufgebaut werden konnten. Oft reichten die Einkünfte nicht einmal aus, um die Kosten für die laufende Unterhaltung aufzubringen[1].

Um die ungesunden Verhältnisse zu beenden und um die Mieter für eine bessere und verantwortungsvollere Bewirtschaftung zu gewinnen, hatte sich der osmanische Staat bereits sehr früh[2] entschlossen, die Umwandlung der jährlichen Mietverträge in zeitlich unbegrenzte[3] zu gestatten. Man griff dabei auf Vertragstypen zurück, die schon zuvor, u. a. bei staatlichem Grundbesitz, angewendet worden waren[4].

2321

Der bekannteste und am weitesten verbreitete Vertragstypus, der speziell bei städtischen Immobilien, also zumeist bei Gebäuden,

---

[1] D'Ohsson II S. 532ff.; Heidborn I S. 316; Becker, Islamstudien, S. 266ff.; Heffening S. 1190.

[2] Die Angaben über den Zeitpunkt variieren geringfügig. Nach Heffening (S. 1190) anscheinend seit dem 16. Jahrhundert; nach d'Ohsson (II S. 533) durch Edikt Sultan Mustafas II aus dem Jahr 1595; nach Vesey-Fitzgerald (S. 109) seit 1607; nach Hilmi (Einführung S. V) durch Gesetz aus dem Jahre 1610; nach Heidborn (I S. 317) in der Regierungszeit Ahmeds III (1603—17).

[3] In der Literatur divergieren die Angaben, ob es sich um zeitlich begrenzte oder unbegrenzte Verträge handelte.
D'Ohsson spricht von Verträgen auf Lebensdauer (II S. 533); ähnlich auch Hilmi (Art. 188). Gibb-Bowen I/2 (S. 177 Anm. 6), die Lancret zitieren, geben die Vertragsdauer mit 90 Jahren an. Nach Santillana (I S. 443) und Krcsmárik (S. 567) hingegen wurden die Verträge jeweils für einen bestimmten Zeitraum geschlossen. Andere wiederum sprechen von ewigen Verträgen (Heffening S. 1190).
Die widersprüchlichen Angaben erklären sich insofern, als die vertraglichen Rechte des Mieters bzw. Pächters zwar persönlich waren, also mit seinem Tode grundsätzlich erloschen und an die Stiftung zurückfielen, dennoch aber dank einer Übung an die Kinder vererbt werden konnten, die, obwohl gesetzlich nicht vorgesehen, von der Regierung geduldet wurde, um den Abschluß von idjāratayn-Verträgen zu fördern (Chiha, S. 409). Da der Kreis der Erben in der folgenden Zeit erweitert wurde, lief dies praktisch auf ewige Verträge hinaus.

[4] Heffening S. 1190f.; Heidborn I S. 317; Bestawros Art. 22 Nr. 324.

Anwendung fand, ist die *idjāratayn* (Dual von idjāra)[1], so genannt nach den zwei anfallenden Mietzahlungen. Die erste, die idjāra muʿadjdjala, ist à fonds perdu bei Vertragsschluß fällig und entspricht ungefähr dem Kaufpreis für das betreffende Grundstück. Der Mieter muß dann zweitens eine geringfügige jährliche Rente (idjāra muʾadjdjala) zahlen, die die Stiftung schützen soll: bleibt der Mieter mit drei Mietzahlungen im Rückstand, so geht er seiner Besitzrechte verlustig. Zugleich verhindert eine regelmäßige Mietzahlung die Ersitzung durch den Mieter. Auch wollte man so die nach Abū Ḥanīfa unzulässige langfristige Vermietung mit seiner Doktrin in Einklang bringen[2].

Der Abschluß eines Vertrages idjāratayn setzt voraus, daß das waqfierte Gebäude zerfallen ist, die Einkünfte nicht ausreichen, um es wieder instand zu setzen und der Verwalter niemanden findet, der bereit wäre, einen Vertrag idjāra waḥida abzuschließen. Der mutawallī muß dann den qāḍī um Genehmigung ersuchen. Bevor dieser eine Entscheidung trifft, untersucht er den Zustand und die wirtschaftliche Lage des waqf und hört dazu Zeugen. Wenn er sich für idjāratayn entscheidet, ordnet er die Versteigerung an und vermietet an den Höchstbietenden, sofern das Gebot dem Wert des Grundstückes entspricht. Die Entscheidung des qāḍī mußte früher dem Sultan bzw. dem Evkaf-Ministerium vorgelegt werden[3]. Trotz dieser strengen Vorschrift spielten sich bald mißbräuchliche Handhabungen ein: ohne daß ein rechtfertigendes Interesse vorlag, wurden awqāf idjāra waḥida „formlos" in awqāf idjāratayn umgewandelt, so daß der Stiftung häufig sowohl die kaufpreisähnliche Anzahlung als auch später durch Ersitzung des Mieters das Herausgaberecht verloren ging[4].

Mit Abschluß des idjāratayn-Vertrages erwirbt der Mieter ein uneingeschränktes Nutzungs- und Besitzrecht (taṣarruf)[5] am Gebäude. Das bloße Eigentum (raqaba) verbleibt bei der Stiftung, so daß auch alle Bauten, Bepflanzungen u. ä., die der Mieter mit Genehmigung des mutawallī dort vornehmen darf, in das Eigentum der Stiftung fallen und bei Beendigung des Mietverhältnisses nicht

---

[1] Young VI S. 115; Heidborn I S. 317; Hilmi Art. 187ff.; Chiha S. 60ff.; Heffening S. 1190; Santillana I S. 443f.; Krcsmárik S. 567f.

[2] Chiha S. 65.

[3] Chiha S. 63f.

[4] Young VI S. 115 Anm. 9.

[5] Ein taṣarruf kann an waqfiertem Gut und staatlichem mīrī-Land bestehen. Es gewährt ein ausschließliches Besitz- und Nutzungsrecht, das aber eingeschränkt wird durch die Pflicht, das Gut instand zu halten und zur Produktivität zu bringen. Vgl. Young VI S. 48f. Anm. 12; Hilmi S. XIX. Raqaba und taṣarruf zusammen bilden das volle, uneingeschränkte Eigentumsrecht.

entschädigt werden[1]. Für Reparaturen muß der Mieter aufkommen[2].

Nach der osmanischen Regelung konnte der Mieter seine Rechte aus dem Vertrag an Dritte abtreten. Zwar bedurfte er zu dieser Zession der Einwilligung der Verwaltung, die jedoch, von geringen Ausnahmen abgesehen, erteilt werden mußte[3]. Der Mieter konnte ferner seine Rechte vererben. Ursprünglich auf die Kinder beschränkt, wurde das Erbrecht durch Gesetz aus dem Jahre 1867[4] auch auf Enkel, Geschwister und den überlebenden Ehegatten ausgedehnt. Wenn kein solcher Erbe vorhanden war, fiel das Recht an die Stiftung zurück, die es dann erneut versteigern ließ. Bei jeder Zession und jedem Erbfall waren Gebühren zu zahlen[5]. Das taṣarruf fiel ebenfalls an die Stiftung zurück, wenn der Mieter seinen vertraglichen Pflichten nicht nachkam[6].

2322

Ein ähnlicher Vertragstypus, der insbesondere für landwirtschaftlichen Grundbesitz Anwendung findet, ist die *muqāṭa'a*[7], eine Form der idjāra ṭawīla. Für ihren Abschluß sind dieselben Voraussetzungen wie für idjāratayn erforderlich[8]. Der Unterschied bestand früher darin, daß der Pächter keine kaufpreisähnliche Anzahlung leistete, sondern nur einen festen, entsprechend höheren jährlichen Pachtzins zahlte. Vom Pächter errichtete Gebäude sowie seine Anpflanzungen fielen in sein Eigentum (mulk). Es konnten also gleichzeitig an Grundstück und Gebäude verschiedene Eigentumsrechte bestehen, ja, das Eigentum an einem Gebäude konnte sogar in einen zweiten waqf überführt werden. Über seine Rechte an Gebäuden, Bäumen u. ä. konnte der Pächter gemäß den allgemeinen Bestimmungen ohne grundsätzliche Beschränkung frei verfügen. Derjenige, der vom Pächter das Eigentum an den Gebäuden erwarb, trat automatisch in dessen Besitzrechte am Boden ein. Beim Tode des Rechtsinhabers galten die allgemeinen erbrechtlichen Bestimmungen.

---

[1] Chiha S. 63; Heidborn I S. 318.

[2] Hilmi Art. 242; Chiha S. 409.

[3] Chiha S. 245.

[4] Text Clavel II S. 426ff. Die Erweiterung des Kreises der Erben erfolgte in dem Bemühen, der Zusammenballung des Grundbesitzes der Toten Hand entgegenzuwirken. Der Bericht der Regierung zum Gesetz von 1867 stellt fest, daß es in ganz Istanbul fast kein einziges im freien Eigentum stehendes Gebäude mehr gab (Chiha S. 411).

[5] D'Ohsson II S. 534; Chiha S. 412. Keine Gebühr war bei der Vererbung an Kinder fällig (Heidborn I S. 318).

[6] Heidborn I S. 317.

[7] Young VI S. 116; Hilmi Art. 39, 276ff.; Heidborn I S. 318; Chiha S. 62, 414; Heffening S. 1190.

[8] Chiha S. 63.

2323
Beim *ḥikr*-Vertrag[1] konnte der Pächter seine Pachtrechte nur vererben, nicht aber abtreten. Wie bei der muqāṭa'a hatte er unbeschränkte Rechte an neuen Gebäuden und Anpflanzungen. Die Rente jedoch war nicht fest wie bei der muqāṭa'a: sie stieg und fiel entsprechend dem Wert des Grundstücks. Nach einem durch Vertrag oder Gesetz vorgeschriebenen Zeitraum[2] wurde eine Überprüfung des Pachtzinses vorgenommen. Wenn das Land beträchtlich an Wert verloren hatte, konnte der Pächter eine dazu im Verhältnis stehende Herabsetzung des Pachtzinses verlangen[3]. Das gegenteilige Recht stand bei Wertzuwachs dem Verpächter zu. Nicht als Wertsteigerung wurde angesehen, wenn der Pächter auf eigene Kosten Bauten oder Anpflanzungen vorgenommen hatte[4].
2324
In diesem Zusammenhang sei noch hingewiesen auf die „gewohnheitsrechtlichen" awqāf, die in der Literatur waqf „coutumier" oder waqf 'ādī genannt werden. Diese Begriffe finden sich bereits bei d'Ohsson[5] und werden von anderen Autoren wiederholt[6]. Bei einem waqf 'ādī handelt es sich weder um eine besondere Art von Stiftung noch um eine spezielle Form der Vermietung, sondern um den besonders häufigen Tatbestand einer staatlich geduldeten Umgehung der sharī'a. Grundstückseigentümer übertrugen ihr Eigentum an eine Moschee oder eine wohltätige Einrichtung gegen Zahlung von 7 bis 10% des Wertes und verpflichteten sich zu einer Rentenzahlung, die der Verzinsung des erhaltenen Betrages entsprach. Sie kamen für Reparaturen usw. selbst auf und behielten sich das Recht auf Fruchtziehung und weitere Übertragung vor. Im Fall, daß sie von ihrem Vererbungsrecht keinen Gebrauch machten oder ohne Kinder bzw. den im Gesetz von 1867 genannten Personenkreis starben, stand das waqfierte Gut tatsächlich und nicht nur formell der Moschee oder der wohl-

[1] Santillana I S. 443, 445; Kadri Pacha Art. 331ff.; Heffening S. 1190.
[2] Nach ottomanischem Recht alle 5 Jahre (Santillana I S. 445).
[3] Bestawros Art. 22 Nr. 352.
[4] Santillana I S. 445.
[5] II S. 523f. Er teilt die awqāf ein in 1. Stiftungen der Moscheen; 2. allgemeine wohltätige Stiftungen; 3. von den Moscheen abhängende awqāf coutumiers.
[6] Belin (S. 516f.) unter Gegenüberstellung von gesetzlichen und gewohnheitsmäßigen Stiftungen; Gibb-Bowen I/2 S. 176 und Anm. 1; Engelhardt I S. 207, der ebenfalls die awqāf coutumiers den awqāf légaux gegenüberstellt; Hilmi Einf. S. VII. Nach Santillana (I S. 434 Anm. 22); Arin (S. 287) und v. Tornauw (S. 299) hingegen sind Familienstiftungen (waqf ahlī) mit waqf 'ādī gleichzusetzen. Sie seien coutumiers und hätten sich so stark entwickelt, weil sie eine Umgehung des Erbrechts gestatten (Arin S. 287).

tätigen Einrichtung zu[1]. Eine solche Vereinbarung war für beide Parteien vorteilhaft. Der Eigentümer, der sein Grundeigentum in einen waqf umwandelte, blieb Herr im Hause; er wurde von der Grundsteuer[2] befreit und entzog sich einer möglichen Zwangsvollstreckung aus später eingegangenen Verpflichtungen[3]. Die Moscheen und wohltätigen Einrichtungen konnten so ihr überschüssiges Kapital gegen Zinsen anlegen und damit rechnen, daß ihnen später einmal auch das Nutzungsrecht zufallen würde. Da der ehemalige Eigentümer weiterhin Interesse am guten Zustand des waqf hatte, brauchte nicht befürchtet zu werden, daß die Kapitalanlange an Wert verlieren könnte[4]. Insbesondere nichtmuslimische wohltätige Einrichtungen haben von dieser Möglichkeit, ihre Gelder in Grundbesitz anzulegen, weitgehend Gebrauch gemacht[5]. Leidtragender war wie immer der Staat, dem so die Grundsteuer und eventuell fällige Abgaben entgingen.

233
Dieses System obligatorischer und quasidinglicher Verträge (idjāra waḥīda, idjāra ṭawīla, idjāratayn, muqāṭa'a, ḥikr) blieb in der Form, wie es im Osmanischen Reich entwickelt und ausgestaltet worden war, zunächst für den Libanon verbindlich[6]. Es lag jedoch nahe, daß der Gesetzgeber auch insoweit eine grundlegende Reform anstreben würde, zumal die langfristigen Verträge keine Bestandteile des originären Waqfrechts waren, sondern davon unabhängig entwickelte Institutionen, die lediglich Nachteile des traditionellen Rechts ausgleichen sollten. Ein generelles Verbot im Bereich des Waqfrechts wäre dennoch nicht vertretbar gewesen, da die Verträge von der hanefitischen Lehre sanktioniert worden waren. Ihr künftiges Verbot hätte die zahlreichen, bereits geschlossenen Verträge bestehen lassen, ohne daß Aussicht auf deren Beendigung bestand. Und eine Enteignung des legal erworbenen Besitzstandes wäre weder sinnvoll noch mit den Verpflichtungen aus der Mandatscharta in Einklang zu bringen.

Reformen mußten deshalb dort ansetzen, wo sich die Notwendigkeit ergab, derartige Verträge abzuschließen. Es mußte einmal versucht werden, die wirtschaftliche Situation der einzelnen Stiftungen so weit zu stabilisieren, daß ein Bedürfnis für die lang-

---

[1] Engelhardt I S. 207.

[2] Durch Verordnung des Großwesirs aus dem Jahre 1891 wurden awqāf idjāra waḥīda mit 4%o und awqāf idjāratayn mit 8%o belegt. Religiöse und wohltätige Einrichtungen hingegen zahlten keine Grundsteuer (Young VI S. 119f.).

[3] D'Ohsson II S. 556.

[4] Belin S. 517; D'Ohsson II S. 557.

[5] Young VI S. 115f. Anm. 9.

[6] CdApp. mixte Nr. 52, 25. 3. 1926, in RepJL S. 837.

fristige Vermietung nicht mehr bestand, und zum anderen galt es, die Rechte der Mieter im Rahmen der sharī'a so weit auszudehnen, daß die Bereitschaft abnahm, das gestiftete Gut langfristig zu vermieten.

Die erste Maßnahme des Gesetzgebers war Arrêté Nr. 79 vom 29. 1. 1926[1], der gemäß Art. 1 nur noch idjāra waḥīda, idjāratayn und muqāṭa'a zuließ. Der ḥikr-Vertrag, der mit dem gleitenden Mietzins noch ein starkes schuldrechtliches Element enthielt und für eine Angleichung an die anderen Vertragstypen deshalb kaum geeignet war, wurde damit verboten. Art. 3 schrieb für alle Grundstücke, an denen andere als die nach Art. 1 zugelassenen Rechte bestanden, istibdāl oder Umwandlung in idjāratayn bzw. muqāṭa'a vor.

Indem Arrêté Nr. 3339 idjāratayn und muqāṭa'a (Art. 180ff. resp. Art. 193ff.) in die Kodifikation des Sachenrechts einbezog, löste er sie aus dem Bereich des religiösen Rechts und gestaltete sie zu rein dinglichen Belastungen eines waqf aus. Bei idjāratayn steht das Nutzungsrecht dem Berechtigten nunmehr ewig (à titre perpétuel) zu; es ist unbeschränkt veräußerbar geworden, kann also ohne weiteres vererbt (Art. 184), abgetreten, verpfändet oder hypothekarisch belastet werden (Art. 183). Es wird erworben durch Zahlung eines dem Wert des abgetretenen Rechts entsprechenden „loyer anticipé" nebst dem Zahlungsversprechen einer ewigen, einklagbaren Jahresrente in Höhe von 3‰ des Wertes, der für die Entrichtung der Grundsteuer veranschlagt wurde (Art. 180). Die Grundsteuer sowie sämtliche anderen steuerlichen Belastungen muß der Inhaber der idjāratayn tragen (Art. 189). Für die Errichtung weiterer Gebäude (der idjāratayn-Vertrag setzt ein bereits bebautes Grundstück voraus) muß die Einwilligung des Verwalters vorliegen.

Sowohl der idjāratayn- als auch der muqāṭa'a-Vertrag dürfen nur mit Genehmigung des Richters abgeschlossen werden (Art. 182, 197). Bei der muqāṭa'a als Fall einer idjāra ṭawīla weicht dann die Regelung des Arrêté Nr. 3339 stark von der bisher bekannten ab. Wie bereits ausgeführt, gehören zu idjāratayn zwei Mietzahlungen: die kaufpreisähnliche Anzahlung und die geringe, rechtserhaltende Rente von 3‰. Die idjāra ṭawīla kennt eine solche Anzahlung nicht: es folgt aus ihrer Bezeichnung, daß es sich um einen langfristigen Mietvertrag handelt, der einen entsprechend höheren Mietzins bedingt und seinen Sinn darin hat, den Mieter an von ihm vorgenommenen Bauten und Bepflanzungen Eigentum erwerben zu lassen. In dem Bestreben, beide Vertragstypen einander anzunähern und zugleich auf die übrigen Normen des Sachen-

---

[1] Rapport 1926 S. 107; Busson d. J. 1953 S. 51.

rechts abzustimmen, hat der Gesetzgeber die muqāṭa'a gemäß Art. 193ff. nunmehr wie folgt geregelt: gegen Zahlung eines „Kaufpreises" sowie einer jährlichen, auf 2,5‰ festgesetzten Rente erwirbt der Vertragspartner das Recht, das Grundstück nach freiem Ermessen zu bebauen und zu bepflanzen. Da gemäß Art. 177 Arrêté Nr. 3339[1] ein waqf sich auf alle Sachen erstreckt, die mit ihm untrennbar verbunden sind oder werden, fallen Gebäude und Pflanzen in das Eigentum der Stiftung[2]. Er kann jedoch selbst das Eigentum an den von ihm errichteten Gebäuden etc. erwerben, wenn er gemäß Art. 193, 186, 181 CP die raqaba des Grundstücks kauft, wozu er gegen Zahlung von 30 Jahresraten (also insgesamt 7,5% des Steuerwertes) berechtigt ist. Das gleiche Recht steht dem Inhaber der idjāratayn zu: sein Kaufpreis beträgt auf der Grundlage von 30 Jahresraten 9% des Wertes.

Hier hat also die Reform entscheidend eingesetzt: der Abschluß eines idjāratayn- oder muqāṭa'a-Vertrages kommt nun einer endgültigen Veräußerung gleich, da der Mieter jederzeit sein Kaufrecht ausüben kann. Sollte also eine Stiftung nicht in der Lage sein, aus eigenen Mitteln die Kosten einer Reparatur oder Wiederherstellung des waqfierten Gutes zu bestreiten, so wird sich als Lösung eher istibdāl als idjāratayn oder muqāṭa'a anbieten.

3 *Wirkungen auf die Begünstigten*

31

Den Begünstigten steht das taṣarruf[3], das Recht auf Nutzung des waqf, zu. Bei denjenigen Stiftungen, die ihren Zweck in der Gewährung eines Gebrauchsvorteils erfüllen, wie auf Kosten des Stifters errichtete Krankenhäuser, Moscheen u. a. m., ist eine Nutzung bereits mit der Ingebrauchnahme gegeben. Bei anderen Stiftungen kann die Nutzung ebenfalls im Gebrauchsvorteil bestehen, sei es, daß ein Haus bewohnt oder ein Stück Land für den

---

[1] Siehe oben S. 27 Anm. 2.

[2] Irrig Tabbah, der Art. 193 nicht beachtet (S. 428).

[3] Das Wort „taṣarruf" läßt sich nicht mit einem Begriff aus dem deutschen Sachenrecht übersetzen. Das an Staatsland bestellte taṣarruf kommt einem „Nießbrauch" gleich: der Inhaber hat einem Dritten gegenüber ausschließliches Recht auf Besitz, das begrenzt wird durch seine Verpflichtung, das Land zu bewirtschaften, um den Zehnten regelmäßig erbringen zu können (Young VI S. 48f.; Hilmi S. XIX). Denselben Umfang hat das taṣarruf an waqfiertem Gut, nur daß statt des Zehnten die Mietzahlungen erbracht werden müssen. — Wenn es sich bei der Stiftung aber um eine aus verschiedenen Teilen bestehende Vermögensmasse handelt, wäre die Bezeichnung „Nutznießung" zutreffender.

eigenen Unterhalt bewirtschaftet wird. Am weitaus häufigsten ist jedoch, daß das gestiftete Gut finanzielle Erträge abwirft, weil es vermietet, verpachtet oder sonstwie bewirtschaftet wird. Dann besteht die Nutzung in dem erzielten Erlös, auf den die Begünstigten Anspruch haben. In welcher Form auch immer sich die Nutzung (manfa'a) konkretisieren mag, die rechtliche Behandlung des taṣarruf, des Rechts auf Nutzung, bleibt stets gleich.

Das Recht eines jeweiligen Begünstigten entsteht mit der Errichtung der Stiftung oder dem Fortfall eines vor ihm Berechtigten.

Begünstigte aus Familienstiftungen müssen sich zunächst eine kräftige Besteuerung gefallen lassen[1]. Die Steuer ist fällig mit dem Anfall des Rechts (Art. 2). Sie wird bei jedem einzelnen Begünstigten nach Abzug eines Freibetrages von £ 1000.— (rd 1300.— DM) auf den Wert seines Rechts erhoben. Der Steuersatz bestimmt sich nach dem Grad der Verwandtschaft mit dem Stifter bzw. dem Rechtsvorgänger (Art. 18) und bewegt sich zwischen 1 und 48%!

Das Nutzungsrecht ist bei Familienstiftungen höchstpersönlich. Es ist kein Bestandteil der Erbmasse des Rechtsvorgängers, sondern leitet sich direkt vom Stifter ab[2]. Es steht dem Begünstigten nur zu Lebzeiten zu, fällt also nicht in seine Erbmasse und kann von ihm nicht einer anderen als der vom Stifter bestimmten Person zugewiesen werden[3]. Es kann nicht veräußert, wohl aber für die Zeit der Inhaberschaft abgetreten, belastet oder gepfändet werden[4].

Der Umfang des Nutzungsrechts wird vom Stifter festgelegt (Art. 18, Gesetz vom 10. 3. 1947). Es kann nur dann geltend gemacht werden, wenn eine Nutzung existent ist, wenn z. B. eine Mietzahlung effektiv eingegangen ist. Eine Anwartschaft auf künftige Nutzungen besteht nicht, kann folglich auch nicht gepfändet werden. Die Fruchtziehung muß sich im Rahmen einer ordnungsgemäßen Wirtschaft bewegen. Ein Raubbau auf Kosten der nachfolgenden Begünstigten ist weder dem Nutzungsberechtigten noch seinem Gläubiger gestattet[5]. Desgleichen darf die Substanz der gestifteten Sache nicht verändert werden. Die Begünstigten sind

---

[1] Art. 1 Loi Libanaise vom 21. 12. 1951; Journal Officiel v. 26. 12. 1951 und Revue Judiciaire Libanaise, 1952, Lois, S. 1—13. Es regelt die Besteuerung von Erbschaften, Vermächtnissen, Schenkungen und Stiftungen.

[2] CdCass. Nr. 34/5, 20. 11. 1942, RepJL S. 828.

[3] CdCass., a. a. O., S. 827f.; Bestawros Art. 22 Nr. 179.

[4] Bestawros Art. 22 Nr. 217ff., 225.

[5] CdApp. mixte Beirut, Nr. 21, 12. 3. 1932, in RepJL S. 829; Bestawros Art. 22 Nr. 192 (CdApp. Alex. 1897).

im Gegenteil gehalten, für den Bestand der Stiftung Sorge zu tragen[1].

Die aus dem Nutzungsrecht folgenden Ansprüche bestehen gegenüber dem mutawallī, nicht beispielsweise gegenüber dem Mieter[2]. Der Begünstigte kann wohl den mutawallī, nicht aber die Stiftung auf die ihm zustehenden Nutzungen verklagen. Sollte er gegenüber anderen Begünstigten benachteiligt sein, so kann er von diesen Herausgabe des zuviel Erhaltenen verlangen, unbeschadet seines Rechts, direkt gegen den mutawallī vorzugehen[3]. Das Nutzungsrecht umfaßt nicht die Befugnis, an der Verwaltung teilzuhaben oder den waqf zu vertreten, sei es zum Beispiel, um Früchte einzuklagen, die durch Versäumnis des Verwalters zu entgehen drohen. Den Begünstigten bleibt lediglich die Möglichkeit, den mutawallī wie einen Beauftragten zur Rechenschaft zu ziehen[4]. Eine Aufsicht über den mutawallī, das Recht auf Einsicht in seine Abrechnungen stehen den Begünstigten ebenfalls nicht zu. Aufsichts- und Kontrollbefugnisse haben ausschließlich die vom Stifter damit betrauten Stellen sowie in bestimmten Fragen die Waqfverwaltung.

Vor Auszahlung des Anteils gehen vom Rohertrag einer Stiftung die für die Erhaltung des Gutes erforderlichen Kosten ab. Gläubiger des waqf, z. B. Handwerker, haben Anspruch auf Befriedigung vor den Begünstigten[5]. Unter besonders erschwerten Voraussetzungen[6] ist die Möglichkeit bejaht worden, den waqf unter Sequester zu stellen, um Gläubiger der Stiftung oder auch einzelner Begünstigter befriedigen zu können. So ist eine Sequestrierung zugelassen worden, wenn der mutawallī zugleich Begünstigter und Schuldner ist[7]. Nach Abzug aller Kosten pflegt dann dem mutawallī noch ein Entgelt gezahlt zu werden, das oft 10% der Nettoerträge der Stiftung beträgt[8].

32

Die genaue Bestimmung der einzelnen Begünstigten hat stets beträchtliche Schwierigkeiten bereitet, die besonders dann auftreten, wenn der Stifter eine Bevorzugung oder Benachteiligung

---

1 Krcsmárik S. 555.

2 Bestawros Art. 22 Nr. 205 (CdApp. Alex. 1902).

3 Bestawros Art. 22 Nr. 214 (TribCiv. Kairo 1913).

4 CdApp. mixte Beirut, Nr. 21, a. a. O., S. 828, mit Bezug auf CdApp. Kairo 1893.

5 Bestawros Art. 22 Nr. 297ff.

6 Die Zustimmung aller Begünstigten reicht hierfür nicht aus (Bestawros Art. 22 Nr. 314 [CdApp. Alex. 1925]).

7 Bestawros Art. 22 Nr. 297ff.; 304ff.

8 Krcsmárik S. 559, 569.

einiger seiner Kinder oder sonstigen Angehörigen gegenüber anderen beabsichtigt hat oder wenn das Verhältnis der Generationen zu einander ungeklärt ist.

Die Regelung des Familienwaqf-Gesetzes sei vorangeschickt, da sie für alle nach dem 10. 3. 1947 errichteten Stiftungen verbindlich und Art. 40 auch auf die vor diesem Datum errichteten Stiftungen anzuwenden ist[1]. Sie ist jedoch weit davon entfernt, alle Möglichkeiten für Streit ausgeräumt zu haben, da in den Artikeln 8, 9, 39 und 40 nur allgemeine Regeln für die Generationenfolge aufgestellt sind.

Gemäß Art. 8 I kann eine Stiftung zugunsten von höchstens zwei Generationen errichtet werden, in die der Stifter, sollte er selbst Begünstigter sein, nicht einbezogen wird (Art. 9). Die Angehörigen einer Generation brauchen nicht im selben Verwandtschaftsgrad zum Stifter zu stehen: sofern sie persönlich aufgeführt sind, stellen sie zusammen die erste Generation dar und ihre Kinder, wenn nicht anders bestimmt, die zweite. Hat der Stifter Angehörige der ersten Generation nicht namentlich bestimmt, so werden es die Erben oder je nach seiner Angabe sämtliche oder einige Kinder, Enkel, Geschwister u. a. m. sein. Deren Nachkommen im 1. Grad stellen dann die zweite Generation dar (Art. 8 II). Setzt der Stifter als erste Generation seine Kinder ein, so kann er den Nachkommen seiner vorverstorbenen Kinder den ihren Vorfahren zustehenden Anteil einräumen (Art. 39).

Das dem hanefitischen Recht fremde Prinzip der Repräsentation[2] wird in Art. 40 wiederholt: anders als bisher bleiben die Erträge einer Stiftung nicht solange einer Generation erhalten, als noch ein Mitglied am Leben ist. Vielmehr geht der Anteil eines Mitglieds der ersten Generation bei seinem Tode auf die Nachkommen über (Art. 40 I)[3]. Wenn aber keine Nachkommen vorhanden sind, wird sein Anteil den anderen Begünstigten seiner Generation zugeschlagen (Art. 40 II Satz 1). Und wenn sich schließlich in seiner Generation kein weiterer Begünstigter mehr befindet, dann steht der Anteil der nachfolgenden Generation unter dem Vorbe-

---

[1] CdApp. Beirut in N. Q. 1949 S. 550.

[2] Art. 1667 madjalla; Krscmárik S. 556; Anderson, Recent Developments, S. 273. Erstmalig wurde die Repräsentation eingeführt im osmanischen Gesetz vom 21. 2. 1912 betr. Vererbung von Rechten an mīrī- und mevcoufé-Land (D'Emilia, S. 311; Chaoui, S. 175; Tyan, Régime successoral, S. 7).

[3] Aus dem Übergang des Nutzungsrechts auf ein Mitglied der nachfolgenden Generation ist jedoch nicht zu schließen, daß dieser nun auch Gestaltungsrechte zustehen. Solange ein Angehöriger der ersten Generation noch existiert, kann ein Angehöriger der zweiten die Auflösung des waqf noch nicht verlangen (CdCass., 28. 11. und 21. 12. 1950 in N. Q. 1951 S. 9ff. und 96ff.; CdApp. Beirut in N. Q. 1951 S. 619).

halt zu, daß es kein Mitglied der ersten Generation mehr geben wird[1] (Art. 40 II Satz 2)[2].

[1] Nach der bisher herrschenden hanefitischen Regel standen die Erträge des waqf dann den Armen zu (Anderson, Recent Developments, S. 274).

[2] Ein Beispiel:

Der Stifter W hat 4 Söhne, S 1, S 2, S 3 und S 4. S 1 hat seinerseits die Söhne E 11 und E 12; S 2 ist *vor* Errichtung der Stiftung gestorben und hinterließ die Söhne E 21 und E 22; S 3, Vater der Söhne E 31 und E 32, starb *nach* Errichtung der Stiftung, und S 4 ist unvermählt.

Aus der Stiftung erhalten nun

S 1	1/4;
E 21 + E 22	gemäß Art. 39 für ihren verstorbenen Vater eingesetzt und demnach in der 1. Generation berechtigt, je 1/8;
E 31 + E 32	gemäß Art. 40 I je 1/8;
S 4	1/4.

S 4 stirbt, sein Anteil, 1/4, kommt den Berechtigten aus seiner Generation zugute (Art. 40 II Satz 1). Also erhalten

S 1	3/8 statt zuvor 1/4;
E 21 + E 22	je 3/16 statt zuvor je 1/8;
E 31 + E 32	je 1/8.

S 1 stirbt. Sein Anteil geht an seine Söhne E 11 und E 12 über. Soweit er aber nach seinem Bruder S 4 berechtigt war, bleibt dessen Anteil der 1. Generation erhalten (Art. 40 II Satz 1+2). Die Verteilung sieht wie folgt aus:

E 11 + E 12	je 1/8;
E 21 + E 22	gemäß Art. 39 das Viertel ihres Vaters, und gemäß Art. 40 II das Viertel ihres Onkels S 4, also je 1/4;
E 31 + E 32	je 1/8.

E 21 und E 22 sterben ohne Nachkommen, die erste Generation ist damit ausgestorben:

E 11 + E 12	je 1/4;
E 31 + E 32	je 1/4.

Eine große Überraschung geschieht: dem rüstigen W schenkt seine neuvermählte junge Frau den Sohn S 5. Die erste Generation lebt wieder auf (Art. 40 II Satz 2), es bekommen

S 5	seinen Anteil, den seines kinderlos verstorbenen (Stief)-Bruders S 4, sowie die Anteile seiner aus der 1. Generation berechtigten, kinderlos verstorbenen Neffen E 21 + E 22 zu je 1/10, insgesamt 3/5;
E 11 + E 12	den Anteil ihres Vaters, also je 1/10;
E 31 + E 32	desgleichen je 1/10.

Erst wenn nun S 5 seinerseits stirbt und weitere Überraschungen ausbleiben, fallen die 3/5 an die zweite Generation, so daß es zu einer endgültigen Verteilung unter die Enkel des W kommt.

Art. 18 und 19 beschäftigen sich mit den Anteilen einzelner Begünstigter, wenn die egalisierende Einsetzung von Generationen nicht gegeben ist. Nach Art. 18 richtet sich die Höhe eines jeweiligen Anteils nach den Bestimmungen der waqfiyya. Hat der wāqif in der Stiftungsurkunde keine Verfügung getroffen, so entscheiden Ortsüblichkeit oder das Urteil des Richters. Art. 19 stellt Richtlinien für die Verteilung der Erträge einer Stiftung auf, wenn einigen Begünstigten prozentuale Anteile, anderen Beträge in bestimmter Höhe zugewiesen werden. Bedeutsam ist vor allem Absatz III, daß bei Ertragsrückgang einer Stiftung auch die der Höhe nach festgesetzten Beträge entsprechend verringert werden können. Nach der bisherigen hanefitischen Regel kam solchen Leistungen absolute Priorität zu[1].

Ist das Verhältnis der Angehörigen verschiedener Generationen zueinander durch Art. 39 und 40 nunmehr geklärt, so bleiben Probleme dann, wenn die Bestimmungen des Stifters ungenau oder mehrdeutig sind, wenn allgemeine Begriffe verwendet wurden. Bei allen Deutungen ist der mutmaßliche Wille des wāqif streng zu berücksichtigen. Ausweitende Interpretationen sind nur zulässig, wenn sie durch die Formulierung der waqfiyya gedeckt und üblich sind[2]. Eine beträchtliche Erleichterung hat allerdings die Beschränkung der Familienstiftung auf maximal 2 Generationen gebracht: es erübrigt sich u. a. die Frage, ob der Stifter nur Kinder und Enkel oder auch Urenkel und damit, gemäß allgemeiner Übung, ebenfalls die weitere Nachkommenschaft hatte begünstigen wollen[3].

Für eine Reihe von Begriffen liegt die Bedeutung fest. So sind unter „dhurriyya" alle Nachkommen, gleich ob männlichen oder weiblichen Geschlechts und gleich, ob in der männlichen oder weiblichen Linie, zu verstehen[4]. „Ahl baytī", „ālī", „djinsī", in der Bedeutung „meine Familie", meine „Verwandten", „meine Nächsten", schließen alle Personen ein, die durch ihre Väter mit dem Stifter im Familienverband stehen. Dazu gehören dann wohl die Schwester des Vaters, nicht aber die Kinder der Schwester, der eigenen Tochter[5]. Hat der wāqif hingegen den waqf ohne nähere Bestimmungen zugunsten seiner Verwandten errichtet, so werden die Erträge nach der Nähe des Verwandtschaftsgrades gemäß der hanefitischen Erbrechtslehre aufgeteilt[6].

---

[1] Anderson, Recent Developments, S. 274.
[2] Krcsmárik S. 556.
[3] Krcsmárik S. 555.
[4] CdApp. Beirut in N. Q. 1949 S. 544ff.; Krecsmárik S. 557; Santillana II S. 441.
[5] Krcsmárik S. 557; siehe auch Santillana II S. 441.
[6] CdApp. Montliban in N. Q. 1955 S. 476. Strittig, siehe Krcsmárik S. 556; v. Tornauw S. 612.

Da auch im Arabischen Worte für Geschwister, Kinder und Enkel nichts über das Geschlecht der Betreffenden aussagen, sind bei einer so allgemein gefaßten Einsetzung männliche wie weibliche Personen berechtigt. Es ist aber durchaus zulässig, und daran hat auch das waqf-dhurrī-Gesetz nichts geändert, daß Mädchen von der Begünstigung durch einen waqf ausgeschlossen werden[1]. Sind allerdings alle männlichen Nachkommen begünstigt, so gilt diese Einsetzung auch für die Söhne der Töchter usw.[2].

Sind schließlich keine durch die waqfiyya direkt Begünstigten mehr vorhanden, bzw. ist niemandem der Nachweis seiner Verwandtschaft mit dem wāqif möglich, dann fallen die Erträge an die fromme oder wohltätige Einrichtung oder an die Armen.

VII. Teil

DIE VERWALTUNG DES WAQF

1 *Der mutawallī*

Der waqf ist eine juristische Person[3]. Er bedarf eines Organs, das ihn gegenüber Begünstigten, Dritten oder Gerichten vertritt. Dieser Vertreter ist der mutawallī (Verwalter)[4].

Der mutawallī muß volljährig und, soweit er nicht durch den Stifter ernannt wurde, zuverlässig, fähig und erfahren sein, eine Stiftung zu verwalten[5]. Auch Ausländer sind zum Amt des mutawallī zugelassen[6]. Häufig behält der Stifter sich und seinen Nachkommen die Verwaltung seines waqf vor[7]. Wenn er aber in der waqfiyya keinen Verwalter benannt oder sonstwie bestimmt hat,

[1] Gericht 1. Instanz Beirut in N. Q. 1948 S. 407.

[2] Krcsmárik S. 556.

[3] CdApp. Berg Libanon in N.Q. 1955 S. 476. Siehe dazu oben S. 36.

[4] Die Bezeichnung des Verwalters ist je nach örtlichem Sprachgebrauch und dementsprechend auch in der Literatur verschieden. „Mutawallī" heißt der Verwalter in der Türkei, im Libanon, in Irak, Syrien, Palästina, Jordanien und Pakistan; „nāẓir" in Ägypten; „nadir" in Marokko und „ukil" in Algerien (vgl. Busson d. J. 1951 S. 10 Anm. 1). Tabbah (S. 392) verwendet „mutawallī" und „nāẓir" (arabisch „Aufseher", „Inspektor", aber auch „Verwalter") synonym, obwohl im Osmanischen Reich der Aufseher „nāẓir" genannt wurde.

[5] CdApp. Berg Libanon in N.Q. 1951 S. 634; CdApp. Beiruti n N.Q. 1947 S. 216.

[6] CdApp. Berg Libanon in N. Q. 1951 S. 634.

[7] Auch bei den awqāf khayriyya lag in solchen Fällen eine fromme Zielsetzung der Stiftung oft nur scheinbar vor. Sie konnte beispielsweise in periodischen Rezitationen von Qur'ānstellen oder literarischen Werken mit religiösem Bezug bestehen. Zu diesen Zwecken wurde ein Sänger engagiert, der sich mit schlechter Bezahlung zufrieden geben mußte, während der Großteil der Erträge des waqf vom verwaltenden wāqif bzw. seinen Nachkommen als Entgelt für ihre Tätigkeit einbehalten wurde (Heidborn I S. 311).

dann obliegt die Ernennung dem qāḍī, der dabei in erster Linie die Angehörigen des wāqif berücksichtigen muß[1]. Hat der wāqif es dem qāḍī überlassen, ein Mitglied seiner Familie oder eines seiner Kinder auszuwählen, dann ist dieser gehalten, bei gleichen Voraussetzungen denjenigen vorzuziehen, der über die größere Erfahrung in Waqfangelegenheiten verfügt, selbst wenn er an Frömmigkeit den anderen nachstehen sollte[2]. Sieht die waqfiyya zwei Verwalter vor, so können beide nur gemeinsam den waqf vertreten[3]. Scheidet einer aus, dann muß der qāḍī entweder einen neuen Verwalter ernennen oder dem anderen volle Vertretungsmacht erteilen[4].

Das Prinzip des unbedingten Vorrangs der waqfiyya wird nur dann durchbrochen, wenn der mutawallī eines nach Inkrafttreten des Gesetzes vom 10. 3. 1947 errichteten waqf nicht zugleich Begünstigter ist (Art. 30). Dann obliegt es dem Gericht, den durch die waqfiyya bestimmten mutawallī abzuberufen und an seiner Statt einen Begünstigten zu ernennen. Die Stellung des Art. 30 im Gesetzestext scheint dies nur für den Fall vorzusehen, daß eine Teilung des waqf vorausgegangen ist. Da jedoch in den Abschnitt „Partage des biens wakfs" weitere, nicht mit der Teilung im Zusammenhang stehende Bestimmungen aufgenommen sind (so insbesondere Art. 31, der eine Entlassung des mutawallī vorsieht), und da auch die entsprechende ägyptische Vorschrift (Art. 49) unter der Überschrift „The Administration of a Waqf" allgemein gehalten ist[5], wird die Anwendung von Art. 30 nicht auf geteilte Stiftungen zu beschränken sein[6].

Die auf dem waqf liegenden Verfügungsverbote lassen der Tätigkeit des mutawallī keinen weiten Spielraum. Ohne Ermächtigung durch die waqfiyya oder ohne Genehmigung des qāḍī ist er nicht befugt, den waqf in einer über die schlichte Verwaltung hinausgehenden Weise, z. B. durch Aufnahme eines Kredits, zu verpflichten[7]. Der mutawallī darf folglich ohne entsprechende Ermächtigung oder Genehmigung keine Reparaturen durchführen lassen, wenn die dafür erforderlichen Aufwendungen die Einnahmen überschreiten. Gleichermaßen darf der mutawallī Tausch (istibdāl) oder Verkauf bei Wiederverwendung des Erlöses nur mit Einwilligung des qāḍī vornehmen[8]. Im Falle einer Enteignung hat seit

[1] Krcsmárik S. 558f.
[2] CdApp. Beirut in N. Q. 1947 S. 216.
[3] Krcsmárik S. 560.
[4] CdApp. Berg Libanon in N. Q. 1951 S. 634.
[5] Anderson, Recent Developments, S. 275.
[6] So auch Tabbah S. 441.
[7] CdCass. vom 13. 6. 1927 in RepJL S. 834f.
[8] Siehe auch Teil VIII, Gerichtsbarkeit in Waqfangelegenheiten, unten S. 78ff.

dem Décret Législatif Nr. 45 vom 12. 10. 1933 ebenfalls der qāḍī anstelle der vormals zuständigen Waqfverwaltung über die Wiederverwendung der Entschädigung zu wachen[1]. Hat der mutawallī gleichwohl ohne die erforderliche Zustimmung des qāḍī eine seine Kompetenzen überschreitende Maßnahme getroffen, so ist diese nicht bindend[2]. — Sofern er nicht selbst Begünstigter ist, kann der mutawallī die Liquidation des waqf gemäß Art. 34 Gesetz vom 10. 3. 1947 nicht verlangen[3].

Der mutawallī ist der alleinige Vertreter des waqf[4]. Die Begünstigten sind folglich nicht berechtigt, von Dritten durch Vertrag oder Delikt begründete Leistungen an den waqf zu fordern oder dingliche Ansprüche geltend zu machen[5]. Genau so wenig hat für den Fall, daß ein Begünstigter in Konkurs fällt, die Masse entsprechende Rechte[6]. Die Begünstigten können sich nur unmittelbar an den Verwalter wegen eventuell entgangener Vorteile halten[7].

Eine für oder gegen den waqf ergangene richterliche Entscheidung bindet auch die Begünstigten, selbst wenn sie dies erst später werden sollten[8]. Deshalb muß die Klage eines Begünstigten auf Beendigung des waqf gegen den mutawallī erhoben werden, damit sich die Rechtskraft des Urteils auch auf die anderen Begünstigten erstreckt[9]. Stirbt der mutawallī in einem solchen Verfahren, so muß ein neuer Verwalter ernannt werden[10]. In einem Rechtsstreit zwischen dem mutawallī und dem waqf selbst muß der qāḍī einen Prozeßvertreter (wakīl) für den waqf bestellen[11].

Der mutawallī wird als Beauftragter (mandataire) der Begünstigten und als Verwahrer (dépositaire) der Waqfgüter angesehen (Art. 41, Gesetz vom 10. 3. 1947). Als Beauftragter haftet er zivilrechtlich für jede schuldhafte Handlung, die dem waqf und damit den Interessen der Begünstigten zu Schaden gereicht[12]. Für den Geltungsbereich des waqf-dhurrī-Gesetzes ist gemäß Art. 42 die Haftung des mutawallī für waqfierte Immobilien und ihre Früchte auf Vorsatz und grobe Fahrlässigkeit (faute lourde) beschränkt worden.

---

[1] Conseil d'Etat in N. Q. 1947 S. 351.
[2] CdApp. Nordlibanon in N. Q. 1953 S. 358.
[3] CdCass. in N. Q. 1952 S. 461.
[4] Bestawros Art. 22 Nr. 135 (CdApp. Alex. 1899).
[5] CdApp. mixte Nr. 50, 10. 6. 1933, in RepJL S. 836, sich beziehend auf CdApp. mixte Alex. vom 12. 11. 1925.
[6] CdApp. mixte Nr. 21 vom 17. 3. 1926 in RepJL S. 829.
[7] Bestawros Art. 22 Nr. 165 (diverse Entscheidungen).
[8] CdApp. Berg Libanon in N. Q. 1955 S. 476.
[9] CdApp. Beirut in N. Q. 1957 S. 141.
[10] CdApp. Beirut in N. Q. 1957 S. 141.
[11] CdCass. in N. Q. 1955 S. 798.
[12] Krcsmárik S. 560.

Nur wenn er eine Vergütung erhält, hat er auch leichte Fahrlässigkeit zu vertreten (Art. 42). Wenn nicht der waqf, sondern ein Dritter geschädigt ist, so haftet der mutawalli ebenfalls persönlich. Eine Befriedigung des Geschädigten aus dem waqf ist ausgeschlossen[1].

Als Verwalter der Waqfgüter ist der mutawallī verpflichtet, über Einnahmen und Ausgaben Buch zu führen und über seine Verwaltung dem qāḍī jährlich Rechnung zu legen[2]. Nach der sharī'a genügt zur Glaubhaftmachung eine Beeidigung der Richtigkeit der Angaben[3], wodurch die Wirksamkeit einer Kontrolle stark herabgesetzt wird. Für die awqāf dhurriyya des Gesetzes von 1947 hat Art. 41 diesen Grundsatz durchbrochen, indem die Rechnungslegung durch Vorlage von Belegen verlangt wird. Der Gesetzgeber hat sich in Anbetracht der jahrhundertelangen Erfahrungen auf den Standpunkt gestellt, daß sich der mutawallī grundsätzlich wenig um die Interessen der Begünstigten kümmert und nur zu leicht einen Meineid leistet[4]! Art. 43 sieht Strafbestimmungen vor, wenn die Rechnungslegung nicht innerhalb der festgesetzten Frist erfolgt.

Ist in der waqfiyya ein Entgelt für den mutawallī nicht vorgesehen, so kann der qāḍī ihm für seine Tätigkeit eine entsprechende Entschädigung zahlen[5]. Diese beträgt im allgemeinen 10% der Nettoerträge des waqf. Bei der Berechnung des Entgelts sind nur diejenigen Einkünfte der Stiftung anzusetzen, bei denen der mutawallī mitgewirkt hat[6].

Das Recht des mutawallī auf Verwaltung des waqf ist höchstpersönlich: es kann weder abgetreten noch vererbt werden. Es erlischt mit seinem Tode bzw. bei awqāf dhurriyya mit der Beendigung des waqf, der dann in das Eigentum der Begünstigten übergeht[7]. Der mutawallī kann ferner im bereits erwähnten Fall des Art. 30 Gesetz vom 10. 3. 1947 sowie gemäß Art. 31 abberufen werden, wenn im Verlauf eines Verfahrens das Gericht den Eindruck gewonnen hat, daß sein Verbleiben im Amt den Interessen des waqf oder der Begünstigten schädlich ist. Zur Abberufung des ungetreuen Verwalters war auch schon zuvor der qāḍī befugt, und zwar selbst dann, wenn der wāqif der mutawallī war und in der waqfiyya die Bedingung aufgestellt hatte, daß ihn niemand seines Amtes entheben dürfe[8].

---

[1] Tribunal mixte Südlibanon vom 21. 2. 1945 in RepJL S. 219.

[2] Krcsmárik S. 561.

[3] Krcsmárik S. 571; Santillana II S. 447; Tabbah S. 446.

[4] So Motive des libanesischen Gesetzgebers in Yakan, qanūn al-waqf al-dhurrī, nach Tabbah S. 446.

[5] Krcsmárik S. 569.

[6] Krcsmárik S. 559.

[7] CdCass. in N. Q. 1952 S. 461.

[8] Krcsmárik S. 559.

2 *Die Zentralverwaltung der sunnitischen awqāf*

21

Das Mißtrauen in eine integre Amtsführung des mutawallī, das auch in Art. 41 des Gesetzes vom 10. 3. 1947 zum Ausdruck gekommen ist, hat im Osmanischen Reich schon frühzeitig zu Maßnahmen geführt, die eine von der sharī'a nicht vorgesehene Konzentration von Verwaltung und Aufsicht in religiösen oder staatlichen Stellen bewirkten. Solange der bei bedeutenden Stiftungen von der sharī'a vorgeschriebene nāzir[1] (Waqf-Oberaufseher[2]), in der Regel ein hoher Beamter, Richter oder Offizier, sein Amt gewissenhaft führte, war den Unterschleifen des mutawallī Grenzen gesetzt. Häufig pflegte es jedoch so zu sein, daß der nāzir seine Stellung zur eigenen Bereicherung ausnutzte und deshalb auch den mutawallī großzügig gewähren ließ. Da die durch den qāḍī ausgeübte Kontrolle des Finanzgebarens eines Verwalters nicht sehr wirksam war, konnte das Zusammenspiel von mutawallī und nāzir zumeist ungestört stattfinden, ohne daß irgendjemand Rechenschaft über den Verbleib der oft beträchtlichen Einnahmen verlangte. Besonders bei den von den Sultanen gestifteten einträglichen awqāf, so den großen kaiserlichen Moscheen zu Konstantinopel, flossen den Aufsehern gewaltige Summen zu, während für die eigentlichen religiösen Zwecke nur sehr wenig übrigblieb. Deshalb wurde die Aufsicht über die kaiserlichen Stiftungen, die zuerst von den Großwesiren und den Chefs der Weißen Eunuchen und dann seit 1591 vom Chef der Schwarzen Eunuchen ausgeübt worden war, von 1835 ab einer eigens zu diesem Zweck geschaffenen Stelle, dem haramein evkaf nezareti, übertragen[3].

Ebenfalls wurde die Verwaltung der kaiserlichen Stiftungen zentralisiert, und zwar in der 1826 eingerichteten kaiserlichen Verwaltung der evkaf, die 1840 in ein Ministerium umgewandelt wurde. Der Zuständigkeit der Zentralverwaltung unterlagen aber nur die sogenannten *awqāf maḍbūṭa* (kontrolliert). Zu diesen gehörten:

1. awqāf, gestiftet von Sultanen und deren Familien, die sich die Verwaltung zunächst vorbehalten und dann später an das Evkaf-Ministerium abgegeben hatten;
2. awqāf, deren Verwaltung dem Stifter und seiner inzwischen ausgestorbenen Familie zugestanden hatte;
3. die *idaressi* genannten awqāf, deren Begünstigten zur Abgeltung ihrer Ansprüche auf Erträge des waqf eine staatliche Pension gezahlt wurde.

---

[1] Heidborn I S. 112; vgl. Anm. Nr. 4 S. 59.

[2] Krcsmárik S. 561.

[3] Eingehend d'Ohsson II S. 525ff. Siehe auch Heidborn I S. 311f.

Die *awqāf mulḥaqa* oder auch *ghayrī maḍbūṭa* (nicht kontrolliert)[1] wurden weiterhin durch einen vom wāqif oder vom qāḍī ernannten mutawallī verwaltet. Das Evkaf-Ministerium übte über diesen jedoch eine Aufsicht aus, wenn ihm die Begünstigten derartige Befugnisse eingeräumt hatten[2]. In den meisten Fällen wurde auf eine solche Kontrolle aber verzichtet, so daß trotz der sonstigen, durch die Einrichtung der zentralen Aufsicht und Verwaltung erzielten Fortschritte alles beim alten blieb.

Die *awqāf mustathna* (ausgenommen) wurden ohne jegliche Einmischung des Evkaf-Ministeriums verwaltet. Bei ihnen handelte es sich vorwiegend um Stiftungen der Kirchen oder Einrichtungen nichtmuslimischer Religionsgemeinschaften (milla), die von deren Oberhäuptern selbständig verwaltet wurden[3].

Die Osmanische Regierung hatte es aber nicht bei der Einrichtung des Evkaf-Ministeriums belassen, sondern zugleich einen dem Ministerium unterstellten Unterbau geschaffen, der auf der Verwaltungseinheit des qaḍā' (Distrikt) organisiert war[4]. In jedem qaḍā' befanden sich

1. eine mit der Verwaltung der awqāf maḍbūṭa beauftragte Behörde (Direktion oder Agentur), sofern Umfang und Bedeutung der Stiftungen eine solche Einrichtung rechtfertigten. Ihr stand ein Direktor oder Leiter vor, der von einer Verwaltungskommission unterstützt wurde. In den qaḍā' ohne eigene Waqfbehörde nahm ein Ausschuß, dem der örtliche qāḍī vorsaß, die Geschäfte wahr. Der Behördenleiter bzw. der Ausschußvorsitzer waren bei jeder Rechtshandlung die gesetzlichen Vertreter der Verwaltung. Sie erstellten alljährlich für die awqāf maḍbūṭa den Finanzhaushalt, der zu seiner Durchführung der Zustimmung der Verwaltungskommission bedurfte. Sämtliche Maßnahmen des Behördenleiters wie Errichtung von Neubauten, umfangreiche Reparaturen, Austausch etc. mußte die Verwaltungskommission ebenfalls genehmigen. Sie setzte sich zusammen aus dem muftī, dem qāḍī, dem Behördenleiter und drei weiteren gewählten Mitgliedern;
2. der *tawdjīh al-djihāt*-Ausschuß, beauftragt mit der Ernennung der Träger aller religiösen Ämter gemäß den Bestimmungen

---

[1] Die Gliederung nach der unterschiedlichen Art der Verwaltung erfolgte durch niẓām al-musaqqafāt wa-l-mustaghallāt al-waqfiyya aus dem Jahre 1870 (Yakan, qanūn al-waqf al-dhurrī, S. 70).

[2] Young VI S. 118.

[3] Ebenda.

[4] Über die örtlichen Waqfverwaltungen siehe Rapport 1926 S. 111f.; Rapport 1928 S. 78; Busson d. J. 1953 S. 47; O'Zoux S. 141.

des niẓām tawdjīh al-djihāt vom 3. Ramaḍān 1331 (1913)[1]. Er bestand aus dem muftī, einem Vertreter des Sharī'a-Gerichts und einem islamischen Rechtsgelehrten;

3. der Ausschuß zur Rechnungsprüfung der awqāf mulḥaqa, zusammengesetzt aus dem qāḍī als Präsidenten, dem muftī und dem Leiter der Waqfbehörde. Der Ausschuß konnte einen pflichtwidrig handelnden mutawallī suspendieren und für die Zeit seiner Amtsenthebung einen Vertreter (qā'im-maqām) ernennen. Die Abberufung des mutawallī durfte jedoch nur durch ein Sharī'a-Gericht ausgesprochen werden[2].

22

Aus dem Zusammenbruch des Osmanischen Reiches und der Übernahme der Staatsgewalt durch Frankreich als Mandatsmacht folgte die bereits erwähnte[3] Notwendigkeit, für die bestehen gebliebenen Waqfverwaltungen in den qaḍā' einen neuen, zentralen Überbau zu schaffen. Der *Contrôle Général des Wakfs Musulmans*[4] mit Sitz in Beirut, durch Arrêté Nr. 753 vom 2. 3. 1921 gemeinsam für Syrien und den Libanon errichtet, ersetzte das Ministerium und sorgte, verwaltungs- und budgetmäßig unabhängig und in die Form einer juristischen Person gekleidet (Art. 2), für eine Koordination der örtlichen Verwaltungen. Auf einigen Gebieten, insbesondere dem der religiösen Gesetzgebung, trat er an die Stelle des Khalifen[5]. Gleichzeitig übte er unter Aufsicht eines Delegierten des französischen Hohen Kommissars die nach Art. 6 II der Mandatscharta vorgesehene Kontrolle aus.

Bei der Errichtung des Contrôle Général ging man von der Überlegung aus, das Waqfrecht als religiöses Recht stehe außerhalb der staatlichen Gesetzgebung. Das Waqfvermögen sei rein konfessioneller Besitz und solle deshalb von der sunnitischen Gemeinschaft bzw. durch ihre Vertreter unabhängig verwaltet werden. Zu diesem Zweck wurden ein Organ mit Rechtssetzungs- und Verwaltungskompetenzen, der Conseil Supérieur des Wakfs, und ein reines Exekutivorgan, der Contrôleur général, geschaffen.

Der *Conseil Supérieur des Wakfs* (Art. 5ff.) wachte über die Rechtmäßigkeit der Verwaltung. Er beschloß die für die Durchführung der Verwaltung und die gesetzliche Regelung von Waqffragen erforderlichen Grundsätze und Richtlinien, beaufsichtigte die Tätigkeit des Contrôleur général und mußte dessen Entscheidungen zustimmen. Der Conseil stellte die Haushaltspläne der örtlichen Waqfbehörden und des Contrôleur général auf und traf

[1] Abgedruckt in madjmū'a qawanīn vom 15. 11. 1959 S. 3ff.
[2] Siehe S. 78
[3] Oben S. 12.
[4] Rapport 1926 S. 110f. u. 1928 S. 79; Busson d. J. 1953 S. 47f.
[5] Rapport 1926 S. 110.

Maßnahmen zur Verbesserung von Leitung und Verwaltung der Stiftungen.

Da eine organisierte sunnitische Religionsgemeinschaft fehlte, um die Mitglieder des Conseil frei zu wählen, wurde er aus den wichtigsten geistlichen Würdenträgern gebildet, um so die in religiösen Angelegenheiten erforderlichen einmütigen Beschlüsse (idjmā')[1] fassen zu können. Diese waren die ranghöchsten geistlichen Richter von Beirut, Damaskus und Lattaqia, ferner je ein Delegierter der genannten Städte und der Contrôleur général (Art. 9).

Das Exekutivorgan, der *Contrôleur général* (Art. 19ff.), hatte eine Doppelfunktion. Als Spitze der Verwaltung traf er für die Zentrale und für die örtliche Verwaltung alle Maßnahmen, die nach den geltenden religiösen Gesetzen und Verordnungen sowie nach den Beschlüssen des Conseil Supérieur geboten waren, und war zugleich höchster Vorgesetzter aller Beamten der Waqfverwaltungen. Als im eigentlichen Sinne „Contrôleur" général überwachte er im Namen des Hohen Kommissars die Tätigkeit der mutawallī von öffentlichen und privaten Stiftungen und der Leiter von wohltätigen muslimischen Einrichtungen (Art. 21).

Die Mitglieder des Conseil Supérieur, die Leiter der örtlichen Waqfverwaltungen und die Delegierten der örtlichen Ausschüsse bildeten daneben eine *Commission générale des Wakfs musulmans*, die den Haushalt und die Abrechnung des Contrôle général prüfte und genehmigte. Die Commission nahm zu allen Fragen in Waqfangelegenheiten Stellung, die ihr vorgelegt wurden, und äußerte Verbesserungsvorschläge.

Später richtete der Conseil Supérieur zu seiner Vertretung außerhalb der Sitzungen und zur Unterstützung und Aufsicht des Contrôleur général einen ständigen Ausschuß ein[2], dem der Präsident des Rates vorsaß und der aus zwei weiteren gewählten Mitgliedern bestand.

Die Arbeiten und Planungen der neuen Verwaltung schufen wieder sichere Verhältnisse und hatten einen starken Aufschwung des Waqfwesens zur Folge. Neue Schulen und Krankenhäuser konnten errichtet werden[3]; der Libanon erlebte eine regelrechte „Renaissance der awqāf"[4].

Inzwischen hatten sich die Beschwerden aus Kreisen der sunnitischen Bevölkerung gemehrt, an der Verwaltung ihrer Stiftungen nur ungenügend beteiligt zu sein. Der Contrôle général, von der Mandatsmacht errichtet und von ernannten Räten unterstützt, war nicht aus der sunnitischen Gemeinschaft hervorgegangen,

[1] Siehe oben Seite 16.
[2] Rapport 1927 S. 78; O'Zoux S. 145.
[3] Rapport 1924 S. 32.
[4] Rapport 1926 S. 116.

wurde deshalb nicht als ihr Vertreter angesehen und besaß auch ihr Vertrauen nicht. Diese Gründe führten den Conseil Supérieur 1926 zu einer Umbildung der örtlichen Verwaltung, um auf dieser Ebene der Gemeinschaft konkrete Kontrollbefugnisse einzuräumen. Die aus osmanischer Zeit stammenden örtlichen Verwaltungskommissionen und Ausschüsse wurden aufgelöst und in jedem qaḍā' durch einen gewählten Verwaltungsrat ersetzt, der aus zwei ständigen Mitgliedern, dem qāḍī als Präsidenten und dem Behördenleiter, sowie aus fünf weiteren gewählten Mitgliedern verschiedener Berufszweige gebildet wurde. Der Verwaltungsrat hatte ausgedehnte Befugnisse. Ihm oblag es, den Entscheidungen des Behördenleiters zuzustimmen, über die Errichtung und Neuvermietung von awqāf zu befinden, religiöse Beamte zu ernennen, die Tätigkeit der seiner Aufsicht unterliegenden mutawallī zu überwachen, den Haushalt zu erstellen, ihn dem Conseil Supérieur zu unterbreiten und über die Durchführung zu wachen. Gegen Entscheidungen des Verwaltungsrates gab es nur Berufung innerhalb eines Monats vor dem Ständigen Ausschuß des Contrôle général[1].

Zugleich änderte der Conseil Supérieur die Bedingungen, unter denen die Aufsicht über mutawallī von awqāf mulḥaqa ausgeübt wurde. Er erklärte, daß Eigentums- und Nutznießungsrechte (raqaba und taṣarruf) an awqāf khayriyya sowie das Eigentum an awqāf dhurriyya den weltlichen Besitz der sunnitischen Religionsgemeinschaft darstelle, die durch ihre Vertreter an deren Verwaltung teilhaben müsse. Er beschloß deshalb, daß sich die Waqfverwaltung in die Tätigkeit der mutawallī einschalten werde, daß diese Intervention bei den awqāf dhurriyya jedoch auf Maßnahmen wie Veräußerung und langfristige Vermietung sowie auf die Überprüfung der Abrechnung beschränkt sein sollte[2].

Da Art. 114 der syrischen Verfassung von 1930 eine Neuorganisation des Contrôle général erforderlich gemacht hatte[3], wurden durch Décision Nr. 10 des Conseil Supérieur vom 27. 12. 1930, genehmigt durch Arrêté Nr. 157/i des Hohen Kommissars vom 16. 12. 1931, in Syrien und im Libanon jeweils getrennte Direktionen geschaffen[4]. An der Spitze der Waqfverwaltung im Libanon stand nunmehr die Direktion Beirut (Art. 2 und 6, Décision Nr. 10). Sie war zugleich die örtliche Behörde der Hauptstadt und als solche mit der Aufsicht über die awqāf mulḥaqa khayriyya und die örtlichen Verwaltungen betraut (Art. 5). Der Staatspräsident bzw., wenn er Christ sein sollte, der höchste muslimische Geistliche war mit den Befugnissen und Vollmachten des Contrôle général

[1] Rapport 1928 S. 79f.; Busson d. J. 1953 S. 49f.
[2] Rapport 1927 S. 78f.
[3] Siehe oben S. 14f.
[4] Rapport 1930 S. 55f.; Busson d. J. 1953 S. 49f.

ausgestattet (Art. 4 I)[1]. In den muḥafaẓāt (Verwaltungsdistrikte) und qaḍā' (Kreise) wurde er durch den jeweils ranghöchsten sunnitischen Beamten vertreten (Art. 4 II).

Neben der Direktion Beirut bestanden weiterhin die früheren Direktionen und Agenturen[2], deren unterschiedliche Bezeichnung nur den Grad ihrer Bedeutung bei gleichen Kompetenzen ausdrückt. In denjenigen Kreisen, die nicht einmal über eine Agentur verfügten, nahm der muftī des Ortes, hilfsweise der imām der Moschee oder der Leiter der örtlichen religiösen Institution, die Verwaltungsaufgaben mit Hilfe eines Rates wahr (Art. 8).

Bei den Direktionen und Agenturen wurden ein 'ulmiyya-Rat, ein Waqfverwaltungsrat und eine Kommission für die Einstufung der religiösen Beamten gebildet (Art. 9). Die Aufgaben des 'ulmiyya-Rates, zusammengesetzt aus qāḍī, muftī, islamischen Rechtsgelehrten und Notablen, bestanden in der Auswahl und Ernennung der religiösen Beamten, der Anerkennung der Abrechnung der mutawallī von awqāf mulḥaqa khayriyya nach vorhergehender Prüfung durch den Verwaltungsrat und in der Entscheidung von religionsrechtlichen Fragen, die ihm vom Verwaltungsrat vorgelegt worden waren (Art. 22).

Der Verwaltungsrat, zugleich Verwaltungs- und Aufsichtsorgan (siehe das folgende Schema), entschied über Neubauten und Reparaturen, bestimmte die Höhe von Gehältern, prüfte Anträge auf istibdāl u. a. m. Seine Mitglieder, die verschiedenen praktischen Berufen angehörten, waren für ihre Handlungen zivil- und strafrechtlich verantwortlich (Art. 24 und 9 Ziffer 2).

Bedeutsam waren ferner die Umstellungen beim Contrôle général. Dort wurde der Conseil supérieur, der als wichtigstes Gremium Rechtssetzungsbefugnisse in Waqfangelegenheiten gehabt hatte, aufgelöst. An seine Stelle, jedoch unabhängig vom Contrôle général, trat der mit denselben Kompetenzen ausgestattete Hohe Sharī'a-Rat (Art. 23). Der aus dem Conseil supérieur hervorgegangene Ständige Ausschuß wurde ebenfalls aufgelöst (Art. 3). Der Contrôle général war damit sämtlicher wesentlichen Aufgaben entkleidet. Er blieb zwar als Organ der Mandatsmacht bestehen — seine Kontrollfunktion gemäß Art. 6 der Mandatscharta war dem Staatspräsidenten übertragen —, tendierte aber zur Auflösung, die dann durch Arrêté Nr. 218 vom 17. 9. 1934 ausgesprochen wurde[3].

Schließlich folgte aus Art. 1 Décision Nr. 10 die endgültige Festsetzung der Verwaltungs- und Aufsichtskompetenzen für die muslimischen awqāf. Danach ergibt sich folgende Übersicht:

---

[1] Rapport 1930 S. 55.

[2] Agenturen bestanden in Saida und Tripolis.

[3] Rapport 1930 S. 56; Rapport 1934 S. 61.

Art der Stiftung	*Verwaltung*	*Aufsicht*
awqāf maḍbūṭa (Art. 1 I Z. 5)	Neugeschaffene Verwaltungsräte, zusammen mit örtlich zuständiger Waqfbehörde	Direktion oder Agentur für die unterstellten Waqfbehörden
awqāf mulḥaqa (Art. 1 I Z. 1)		
— khayriyya	mutawallī	Neugeschaffener Verw.-Rat zusammen mit Direktion oder Agentur
— dhurriyya	mutawallī	Shar'iyya-Gericht
awqāf mustathna	mutawallī	Shar'iyya-Gericht

23

Die letzte grundlegende Neuorganisation der sunnitischen Waqfverwaltung im zwischenzeitlich souverän gewordenen Libanon erfolgte durch Gesetzesverordnung Nr. 18 vom 13. Januar 1955[1]. Unzulänglich redigiert, mit einer Reihe von Fehlern, Widersprüchen und Ungenauigkeiten, ist diese Verordnung zugleich das Organisationsstatut der sunnitischen Religionsgemeinschaft. Im Gegensatz zu Décision Nr. 10, die die höchste Gewalt über die sunnitischen awqāf dem Staatspräsidenten bzw. den höchsten muslimischen Geistlichen zugewiesen hatte (Art. 4 I), nimmt nunmehr der Muftī der Republik als religiöses Oberhaupt der libanesischen Sunniten diese Stellung ein (Art. 3 GV Nr. 18). Die Unabhängigkeit der Waqfverwaltung vom Staat ist damit vollkommen und entspricht der bei den christlichen Religionsgemeinschaften getroffenen Regelung. Weiter wurde durch Gesetz vom 28. 5. 1956[2] der Hohe Islamische Shar'ī-Rat ermächtigt,

> „sämtliche Vorschriften der Gesetzesverordnung Nr. 18 einer Überarbeitung zu unterziehen, und abzuändern, was seiner Ansicht nach für die Verwirklichung der wesentlichen Ziele hinderlich ist. Änderungen sowie seine Beschlüsse in allen Angelegenheiten, die das Amt des Muftī, die Organisation der Belange der Gemeinschaft und die Verwaltung ihrer awqāf betreffen, sind rechtskräftig, sofern sie nicht mit den gesetzlichen Vorschriften über die öffentliche Ordnung in Widerspruch stehen."

Damit ist dem Hohen Islamischen Shar'ī-Rat auch Gesetzgebungskompetenz zuerkannt worden. Der einzige Berührungspunkt

[1] Siehe Anhang Nr. 2.
[2] Abgedruckt in madjmū'a qawanīn vom 16. 7. 1959 S. 62.

mit staatlichen Organen besteht in der Sharī'ā-Gerichtsbarkeit, die weiterhin durch die Justizverwaltung organisiert wird[1].

Die Waqfverwaltung als Einrichtung der sunnitischen Religionsgemeinschaft wird gekennzeichnet durch eine dreifache vertikale Gliederung.

Als ausführende Organe sind in den Hauptorten der muḥāfaẓāt (Verwaltungsdistrikte)[2] Waqfdirektionen eingerichtet, von denen die in der Biqā' erst seit kurzem besteht. Nur Berg Libanon, vornehmlich von Maroniten und Drusen bewohnt, verfügt über keine Direktion. Zwar spricht die Verordnung von Waqfbehörden der Provinz und ihren Leitern und nennt das Beiruter Amt einmal Direktion, ein anderes Mal Generaldirektion; doch unterscheidet der offizielle Sprachgebrauch zwischen der mit besonderen Befugnissen ausgestatteten Generaldirektion Beirut, zugleich örtliche Behörde für die muḥāfaẓa Beirut, und den drei anderen Direktionen in der „Provinz".

An der Spitze der Generaldirektion Beirut steht ein Generaldirektor (Art. 24 I, 25, 27, 72ff.). Unter der Aufsicht des Hohen Shar'ī-Rates, dem er für seine Handlungen verantwortlich ist (Art. 72), und unterstützt von den vier Verwaltungsräten, ist er mit der Leitung der gesamten Waqfverwaltung betraut (Art. 27). In der Hauptstadt, der muḥāfaẓa mit den größten Einnahmen[3], besorgt er die Verwaltung selbst, während die Waqfdirektoren in den anderen Distrikten seiner Aufsicht unterstehen (Art. 72) und an seine Weisungen gebunden sind (Art. 74). Als unmittelbarer Vorgesetzter der Beamten seiner eigenen Behörde und der Leiter der Waqfbehörden in der Provinz (Art. 74) hat er die Disziplinargewalt über sämtliche Beamte inne. Er selbst ist dem Muftī der Republik direkt unterstellt.

In den Tätigkeitsbereich der Waqfverwaltung fallen unbeschadet der Entscheidungs- und Aufsichtsrechte der Verwaltungsräte und des Hohen Shar'ī-Rates sämtliche Maßnahmen, die eine vornehmlich aus Immobilien bestehende Vermögensmasse nach wirtschaftlichen Gesichtspunkten erfordert. Die Verwaltung sorgt für die Ertragfähigkeit der Stiftungen, für die Erzielung größtmöglicher Einkünfte und deren Verteilung gemäß den Vorschriften der Stiftungsurkunden, überwacht die Durchführung von Neubauten und Reparaturen, schafft Möbel und Teppiche an, insbesondere für Moscheen und besoldet die eigenen und die religiösen Beamten. Die Zahl der Verwaltungsbeamten beträgt (1961) nicht mehr als

---

[1] Siehe Teil VIII: Gerichtsbarkeit in Waqfangelegenheiten.

[2] Es gibt fünf Verwaltungsdistrikte im Libanon: Stadt Beirut, Nordlibanon, Südlibanon, Berg Libanon und Biqā'.

[3] Siehe unten S. 74f.

50, davon ungefähr 20 in Beirut, 15 in Tripolis, 8 in Saida und 3 in der Biqā'; die der religiösen Beamten um 250[1].

Der *Hohe Islamische Shar'ī-Rat,* zusammengesetzt aus den ehemaligen sunnitischen Minister- und Parlamentspräsidenten, den höchsten Richtern, den qāḍī von Beirut und den Hauptorten der muḥāfaẓāt sowie aus Vertretern der Gemeinschaft (Art. 42), wacht über die Tätigkeit der Verwaltung. Dank seinen weitgehenden, in den Artikeln 38 und 39 aufgeführten Befugnissen, ist er die letztmaßgebliche Instanz für alle Waqfbehörden und ihre Beamten (Art. 39 Z. 7). Dem Rat obliegt es, die Haushalte der awqāf zu genehmigen (Art. 39 Z. 1), die Ernennung von Beamten vorzuschlagen (Z. 3) und alle Angelegenheiten, Fragen und Probleme zu entscheiden, die sich aus der Verwaltung der islamischen awqāf und der Führung ihrer Geschäfte ergeben (Z. 7). Ohne der Zustimmung des Muftī der Republik zu bedürfen (der jedoch Präsident des Rates ist, Art. 48), kann er Verordnungen, Beschlüsse und Richtlinien erlassen, die für die Organisation der Angelegenheiten der Gemeinschaft und die Verwaltung aller ihrer awqāf khayriyya erforderlich sind (Art. 38, 51f.). Ferner überwacht der Hohe Rat die Tätigkeit der Verwaltungsräte, urteilt in den Berufungen gegen deren Beschlüsse und genehmigt diese, soweit sie die in Art. 39 Ziffer 4a—c aufgeführten Maßnahmen zum Gegenstand haben (Art. 37, 39 Z. 4 und 5).

Gewählte Verwaltungsräte sind in Beirut, Tripolis, Saida und der Biqā' eingerichtet (vgl. Art. 37, 59), also jeweils am Sitz einer Direktion (Art. 57). Sie bestehen aus 7 bis 9 Mitgliedern, Angehörigen verschiedener Berufsstände wie Juristen, Grundbesitzer, Kaufleute und Ingenieure, die für die rechtlichen, wirtschaftlichen oder technischen Fragen den erforderlichen Sachverstand besitzen. Ferner sind die Waqfdirektoren Mitglieder der für sie zuständigen Verwaltungsräte (Art. 60). Die Aufgaben der Verwaltungsräte[2], in Art. 58 aufgeführt, sind zumeist praktischer Natur. Sie bestimmen die Errichtung, Reparatur und Vermietung von Waqfimmobilien, stellen den Jahreshaushalt auf, der wie ihre Entscheidung über istibdāl-Anträge und ihre Planung des Beamtenkaders der Genehmigung des Hohen Shar'ī-Rates bedarf, kontrollieren die Abrech-

[1] Nach Angaben der Generaldirektion Beirut.

[2] Gemäß Art. 59 III sollen dort, wo keine Verwaltungsräte bestehen (in der muḥāfaẓa Berg Libanon sowie in der Biqā', die bei Erlaß der GV noch über keine Direktion verfügte), örtliche Kommissionen deren Aufgaben wahrnehmen. Sie sind aus drei oder mehr Mitgliedern, Notabeln des Kreises oder der Ortschaft, zusammengesetzt. Dazu in Widerspruch bestimmt Art. 62 II, daß die Kommissionen auf Vorschlag der für sie zuständigen Verwaltungsräte (bzw. in den muḥāfaẓāt ohne Verwaltungsrat auf Vorschlag des Generaldirektors der awqāf) vom Muftī ernannt werden.

nung ihrer Direktoren u. a. m. Ferner überprüfen und genehmigen die Verwaltungsräte die Abrechnungen der mutawallī von awqāf mulḥaqa khayriyya (Art. 58 Z. 6). Die Verordnung hat folglich bei der Verteilung der Verwaltungs- und Aufsichtskompetenzen den alten Zustand belassen: weiterhin verwalten die Direktionen zusammen mit den Räten nur die awqāf maḍbūṭa, während die awqāf mulḥaqa khayriyya ausschließlich der Aufsicht der Räte unterliegen.

Die höchste Gewalt in Angelegenheiten der sunnitischen awqāf hat der *Muftī der Republik*, der geistliche Führer der Gemeinschaft (Art. 3). Ihm kommen die Befugnisse zu, die in der Mandatszeit dem Contrôleur général und in dessen Nachfolge dem Staatspräsidenten durch die waqf- und sharī'arechtlichen Gesetze und Verordnungen zugewiesen waren (vgl. Art. 3). Als Präsident des Hohen Shar'ī-Rates nimmt er an dessen Arbeit teil und hat Anspruch auf nochmalige Überprüfung von Beschlüssen (Art. 52). Als unmittelbarer Vorgesetzter der örtlichen muftī (Art. 3 und 28) und des amīn al-fatwā[1] kann er seinen Einfluß auch auf der Ebene der Verwaltungsräte geltend machen. Die örtlichen muftī, die für die von zahlreichen Sunniten bewohnten muḥāfaẓāt ernannt werden, sind gemäß Art. 61 Präsidenten der Verwaltungsräte in der Provinz, während der amīn al-fatwā dem Verwaltungsrat in der Hauptstadt vorsitzt.

Mit der Gesetzesverordnung Nr. 18 haben die Bemühungen, die Verwaltung des umfangreichen Waqfbesitzes der sunnitischen Religionsgemeinschaft den Gegebenheiten im Libanon anzupassen, ihren Abschluß gefunden. Dieses Ergebnis ist nicht nur für die Sunniten, sondern für das gesamte Land zu begrüßen. Da von wenigen, sich allerdings mehrenden Ausnahmen abgesehen nicht der Staat, sondern die Religionsgemeinschaften (neben ausländischen religiösen und staatlichen Einrichtungen)Träger der Primär- und Oberschulen sind, hängt der allgemeine Bildungsstand des Libanon zu einem Gutteil von der Finanzlage der Gemeinschaften ab. Nur eine gewissenhafte und wirtschaftlich arbeitende Verwaltung, frei vom früher traditionellen Trachten nach persönlichen Vorteilen, kann der Gemeinschaft bei der Erfüllung dieser ihrer nationalen Aufgabe helfen.

3 *Der Finanzhaushalt der sunnitischen Waqfverwaltung*

Ein zentraler Haushalt der sunnitischen awqāf im Libanon besteht nicht. Noch aus osmanischer Zeit stammt die Regelung, daß die Direktionen oder Agenturen selbständig über ihre Einnahmen, i. e. die Erträge der awqāf maḍbūṭa ihres Bezirks, verfügen und anteilmäßig die Kosten der Zentralverwaltung, früher des Contrôle général und heute der Generaldirektion Beirut, tragen.

[1] Sekretär in religiösen Fragen.

Die Haushalte der Direktionen und Agenturen kannten früher keine Zweckgebundenheit der Einnahmen, soweit sie nicht wie beim Verkauf von Waqfimmobilien gesetzlich vorgeschrieben war. Deshalb waren vorausschauende, auf einen längeren Zeitraum abstellende Dispositionen unmöglich. Die vorhandenen Mittel wurden ausgegeben, Reserven oder besondere Fonds für größere Ausgaben nicht angelegt. Maßnahmen, die zwar einen Jahreshaushalt unverhältnismäßig hoch belastet hätten, dennoch aber dringend erforderlich waren, wurden unterlassen, so daß zahlreiche Stiftungen infolge des Mangels an vorausschauendem Wirtschaften verfielen.

Die zur Abhilfe dieses Zustands 1927 eingeführte Neuerung sieht ein dreiteiliges Budget vor, bestehend aus ordentlichem, Reserve- und Wiederanlagehaushalt[1].

Der ordentliche Haushalt wird gespeist aus den laufenden Einkünften der Stiftungen. Auf der Ausgabenseite stehen die Beträge, die zur Erfüllung der von den Stiftern stipulierten Leistungen für religiöse und karitative Zwecke erforderlich sind, ferner die ständigen Unkosten wie Gehälter der Geistlichen und der Verwaltungsangestellten, Unterhaltung von Moscheen und deren Ausstattung mit Teppichen und Möbeln, ferner reine Verwaltungskosten sowie anteilige Gemeinschaftskosten für den Muftī der Republik und die Beamten und Angestellten seines Amtes, für die Generaldirektion in Beirut und für die Unterstützung der im Ausland befindlichen Einrichtungen und Werke.

Der Reservehaushalt kennt als Einnahmen den Überschuß aus dem vorjährigen Haushaltsjahr, etwaige Rückstände sowie eine Vorleistung in Höhe von 10% der Jahreseinnahmen, die, wenn sie nicht durch den ordentlichen Haushalt gedeckt ist, durch Aufnahme einer Anleihe bei der Generaldirektion oder einer anderen Direktion aufgebracht werden muß[2]. Der Reservehaushalt stellt einen Fonds dar, durch den unerwartete Verluste ausgeglichen werden sollen. Er sichert ferner die Errichtung von Neubauten, die von den Verwaltungsräten beschlossen werden (Art. 58 Z. 2).

In den Wiederanlagehaushalt werden alle Einnahmen aufgenommen, die aus der Veräußerung von Waqfimmobilien stammen. Diese Erträge sind zweckgebunden: sie müssen für die Errichtung neuer oder die Reparatur alter Gebäude verwendet werden.

Der Jahreshaushalt einer jeden Direktion wird gemäß Art. 58 Z. 1 vom zuständigen Verwaltungsrat aufgestellt, der auch darüber wacht, daß die Verwaltung die Mittel wie vorgesehen verwendet. Der Haushalt bedarf jedoch nach vorhergehender Überprüfung und eventuell erforderlicher Berichtigung der Genehmigung des

---

[1] Rapport 1928 S. 86f.; Busson d. J. 1953 S. 50.

[2] Siehe Haushalt der Direktion Tripolis für 1961, S. 96.

Hohen Islamischen Shar'i-Rates (Art. 39 Z. 1). Wird diese Genehmigung verspätet erteilt, dann kann der Hohe Rat erlauben, während der Übergangszeit in jedem Monat jeweils über ein Zwölftel der Gesamthöhe des vorjährigen Budgets zu verfügen.

Die folgenden Aufstellungen, nach Angaben der Generaldirektion Beirut aus dem Jahre 1961, geben eine Vorstellung von der Höhe der zur Verfügung stehenden Mittel. Dabei ist jedoch einmal zu berücksichtigen, daß in Anbetracht der gewöhnlich geringen Renditen von Immobilien und vor allem von landwirtschaftlichem Grundbesitz die Höhe der Einnahmen in keinem Verhältnis zum Tageswert des Gesamtbesitzes an Stiftungen steht. Dies gilt insbesondere für die Stadt Beirut, die unwahrscheinliche Preissteigerungen von Grundstücken kennt. Ferner sind in diesen Aufstellungen nur die Einnahmen aus awqāf maḍbūṭa enthalten. Der große Bereich der lediglich der Aufsicht unterliegenden awqāf mulḥaqa khayriyya ist dagegen zahlenmäßig nicht erfaßt.

1 LL (libanesisches £)
= DM 1,33 (1962)

Haushalt der Direktion Beirut

1960			
Einnahmen:	LL 608.144,55	*Ausgaben:*	LL 549.071,—
		davon an wohltätige Einrichtungen LL 24.250,—	
		davon an einzelne Begünstigte LL 26.600	
		an die Reserve	LL 59.073,55
		gesamt	LL 608.144,55
1961[1]			
Einnahmen:	LL 698.138,23	*Ausgaben:*	LL 592.772,—
		davon an wohltätige Einrichtungen LL 24.450,—	
		davon an einzelne Begünstigte[2] LL 26.600,—	
		an die Reserve	LL 40.257,23
		gesamt	LL 633.029,23

[1] Vorläufiger Haushalt für das Jahr 1961.

[2] Die Generaldirektion nimmt für den gesamten Libanon die Zahlungen an einzelne Begünstigte vor.

Haushalt der Direktion Tripolis

1961[1]

Einnahmen:	LL 380.800,—[2]	*Ausgaben:*	LL 380.388,55
		davon an wohltätige Einrichtungen LL 8.100,—	
		davon als Beihilfe für Studenten an der Al-Azhar-Universität, Kairo, LL 9.700,—	
		an die Reserve	LL 19.300,—
		gesamt	LL 399.688,55

Haushalt der Direktion Saida

1960

Einnahmen:	LL 368.083,60	*Ausgaben:*	LL 297.399,25
		davon an wohltätige Einrichtungen LL 10.000,—	
		davon an Beihilfe für Studenten an der Al-Azhar-Universität, Kairo, LL 8.095,—	
		an die Reserve	LL 69.684,35
		gesamt	LL 368.083,60

Haushalt der Direktion Biqā'

1960

Einnahmen:	LL 36.560,—	*Ausgaben:*	LL 27.330,—

Die Einnahmen der vier Direktionen betrugen 1960 (Tripolis 1961) also insgesamt ca. 1,4 Millionen LL = rd. 1,8 Millionen DM.

4 *Die Verwaltung der schi'itischen awqāf*

Die schi'itische Religionsgemeinschaft kennt keine zentrale oder auch nur regionale Verwaltung ihrer Stiftungen, ja nicht einmal eine kommunal- oder landespolitische Organisation wie die eines regionalen oder überregionalen Gemeinderates.

[1] Vorläufige Zahlen. Die Unterlagen für den Haushalt 1960 waren nicht zu erhalten.

[2] Der Fehlbetrag von rd LL 19000,— muß durch eine Anleihe gedeckt werden.

Im osmanischen Reich gab es keine eigentlichen schi'itischen awqāf. Die schi'itische Gemeinschaft besaß keine Selbständigkeit[1]. Sollte ein waqf errichtet werden, so war der nach hanefitischem Ritus handelnde qāḍī zuständig, gleichgültig, ob der wāqif Sunnit oder Schi'it war. Wie alle muslimischen awqāf wurden auch die schi'itischen entweder vom mutawallī selbständig oder vom Waqfministerium bzw. unter dessen Aufsicht verwaltet. Eine Änderung trat erst ein, als die Schi'iten 1926 als selbständige Religionsgemeinschaft anerkannt wurden[2] und die Verwaltung ihrer awqāf in eigene Hände nahmen. Ihr höchster religiöser Richter (Präsident des Berufungsgerichts für die religiös-rechtlichen Angelegenheiten der schi'itischen Religionsgemeinschaft), der qāḍī al-quḍāt, übte dann mit Unterstützung eines Rates die gleichen Funktionen aus, die dem Contrôleur général des Wakfs musulmans gegenüber der sunnitischen Gemeinschaft zustanden[3]. Nach Abschaffung des Contrôleur Général wurden durch Art. 14 Z. 20 des Décret législatif Nr. 241/NI[4] die Befugnisse, die den sunnitischen Waqfdirektionen durch Gesetz zuerkannt worden waren, den schi'itischen Gerichten übertragen.

Die Zuständigkeit der Gerichte ist nicht, wie aus Art. 14 Z. 20 geschlossen werden könnte, auf die rein administrativen Befugnisse der Waqfdirektoren beschränkt. Da die schi'itische Gemeinschaft weder einen Verwaltungsrat noch ein dem Hohen Shar'ī-Rat entsprechendes Gremium besitzt, ist der schi'itische qāḍī gleichzeitig Verwaltungs- und Kontrollorgan, soweit seine Entscheidungen nicht der Berufung fähig sind bzw. gemäß Art. 160 Décret législatif Nr. 241/NI ohnehin zu ihrer Vollstreckbarkeit der Bestätigung des Berufungsgerichts (maḥkama shar'iyya 'ulya) bedürfen.

Das Berufungsgericht in Beirut ist auch dann zuständig, wenn die Interessen eines waqf über die Grenzen einer muḥāfaẓa hinausgehen oder wenn es sich um Fragen handelt, die die — wenn auch unorganisierte — schi'itische Religionsgemeinschaft im Libanon betreffen. Ein Beispiel mag dies erläutern. Die libanesische Regierung hatte nach dem Erdbeben 1956 einen Fonds geschaffen, aus dem den einzelnen Religionsgemeinschaften für den Wiederaufbau ihrer religiösen oder sozialen Einrichtungen Beihilfen gezahlt werden sollten. Die diesen Fonds verwaltende Stelle wandte sich an das schi'itische Berufungsgericht, teilte ihm mit, daß ein bestimmter Betrag bereit stehe und bat um Unterrichtung, wer zum Empfang des Geldes berechtigt sei. Auf Antrag des General-

[1] Longrigg S. 9.
[2] Durch Dekret Nr. 3503 vom 27. 1. 1926 (Art. 1).
[3] Rapport 1928 S. 82.
[4] Vom 4. 11. 1942, geändert durch Gesetz vom 14. 12. 1946.

anwalts hat sich das Berufungsgericht dann durch Beschluß für zuständig erklärt und seinen Präsidenten befugt und dafür ausgewiesen, den Betrag entgegenzunehmen.

Trotz der gesetzlichen Zuständigkeit der Richter verwalten in Wirklichkeit die 'ulamā und mutawallī die awqāf khayriyya und dhurriyya, und zwar ohne sonderliche Einmischung seitens der Gerichte. Schon nach 1926 scheiterten die Versuche des qāḍī al-quḍāt, eine Kontrolle auszuüben, am erbitterten Widerstand der auf ihre überlieferten Rechte pochenden 'ulamā und mutawallī. Daran hat sich bis heute nichts geändert.

5 *Die Verwaltung der drusischen awqāf*

Gleich der schi'itischen kennt auch die drusische Religionsgemeinschaft keine zentrale Verwaltung ihrer religiösen Stiftungen. Das liegt darin begründet, daß die Drusen ihre traditionellen Wohnsitze im Berg Libanon zum größten Teil beibehalten haben und die alte Feudalordnung mit der Herrschaft weniger Familien dort bestehen geblieben ist. Diese Familien stellen regelmäßig die Verwalter der drei größten drusischen Stiftungen, nämlich

1. der madrassa dawūdiyya in Abey bei Aley, der nach dem ehemaligen türkischen Gouverneur benannten größten drusischen Schule;
2. des großen, sehr wertvollen Terrains in Ras-Beirut, auf dem 1961 ein Gemeindehaus (dār al-ṭā'ifa) mit Gerichts- und Empfangssälen sowie khalwāt (religiösen Versammlungsräumen der Drusen) errichtet wurde;
3. der khalwāt al-bayāḍ in Hasbaya, dem bedeutendsten Heiligtum der Drusen, das vom shaykh al-'aql, dem rangältesten religiösen shaykh, verwaltet wird.

Daneben bestehen, zumeist in den Dörfern, eine Reihe kleinerer Stiftungen. Wenngleich die Ernennung des mutawallī dem schaykh des Ortes obliegt, so bestimmt praktisch die jeweils mächtigste ortsansässige Familie eines ihrer Mitglieder zum Verwalter. Es werden Fälle berichtet, daß zwei rivalisierende Familien einen waqf aufgeteilt haben, um die Hälften nach eigenem Gutdünken verwalten zu können. Die mutawallī unterstehen der Aufsicht des shaykh al-'aql, der sie jedoch nur selten ausübt.

In Angleichung an die sunnitische Generaldirektion der awqāf ist für die Zukunft ebenfalls eine zentrale Waqfverwaltung vorgesehen. Der Generaldirektor, wiederum ein Mitglied einer führenden Familie, ist bereits ernannt. Eine gesetzliche Grundlage für diese Organisation wie auch ein Gemeinderat als Träger der religiösen Selbstverwaltung fehlen jedoch noch.

VIII. Teil

GERICHTSBARKEIT IN WAQFANGELEGENHEITEN

1 *Die Aufgaben des qāḍī*

Der islamische Orient kennt seit altersher zwei getrennte Gerichtsverwaltungen, die „geistliche" und die „weltliche". „Geistlicher" Richter ist der qāḍī, der nach der sharī'a, dem kanonischen Gesetz des Islam, urteilt. In seine Kompetenz fallen alle Fragen, die nach dem Volksbewußtsein in engem Zusammenhang mit der Religion stehen, wie die des Familien-, Erb- und Waqfrechts. Die „weltlichen" Gerichte sind für alle übrigen Sachen zuständig[1].

Aufgrund der religiösen Natur der Stiftung nimmt der qāḍī im Waqfwesen zwangsläufig eine gewichtige Stellung ein. Wenn sich der wāqif des Eigentums am gestifteten Gut zugunsten Gottes begibt, wenn frommen oder wohltätigen Einrichtungen die Nutzungen zustehen sollen, dann ist der qāḍī am berufensten, um über die Gesetzmäßigkeit der Errichtung einer Stiftung und ihres weiteren Schicksals zu wachen. Auch liegt es nahe, wenn der für die religiöse Rechtspflege zuständige Richter aus dem Kreise der Bevölkerung mit Aufgaben betraut wird, für deren sachkundige Erledigung seine Erfahrung und sein Wissen bürgen. Es ist aber scharf zu scheiden zwischen Aufgaben, die dem qāḍī kraft Gesetzes, durch die sharī'a, übertragen sind und solchen, mit denen er im speziellen Fall im Rahmen der Dispositionsbefugnis der Beteiligten betraut wird. Zum ersten Aufgabenkreis gehören rein richterliche Tätigkeiten wie beispielsweise die im oben[2] erwähnten Scheinprozeß oder administrative wie die Beaufsichtigung der Verwalter[3]; zum zweiten die Betrauung des qāḍī selbst mit dem Amt des Verwalters.

Solange eine organisierte zentrale Waqfverwaltung noch nicht bestand, hat der qāḍī besonders häufig die Stellung eines mutawallī bekleidet[4]. War jedoch ein anderer Verwalter bestellt, so führte er über diesen Aufsicht, wozu er nach dem Gesetz verpflichtet war. Er erteilte dem mutawallī die Genehmigung für alle Maßnahmen, zu denen dieser durch die waqfiyya nicht ermächtigt war, wie langjährige Vermietung, istibdāl, Abschluß von idjāratayn- und muqāṭa'a-Verträgen u. a. m. Er mußte dessen Vergütung festsetzen, wenn der wāqif darüber keine Entscheidung getroffen hatte, mußte den ungetreuen mutawallī des Amtes entheben und

[1] Juynboll, ḳāḍī, in EI II S. 649.
[2] S. 30
[3] Krcsmárik S. 569.
[4] Juynboll, a. a. O., S. 650; Tyan, Organisation Judiciaire II S. 52ff., und Judicial Organization S. 261.

einen Vertreter benennen und hatte den säumigen Verwalter zu veranlassen, Maßnahmen zur Erhaltung des waqf zu ergreifen[1]. Häufig konnten die Richter diesen umfangreichen Aufgaben, die sich mit Zunahme der Stiftungen weiter ausdehnten, nicht gerecht werden. Oft fehlte es auch an ihrer persönlichen Integrität[2]. Jedoch ist hervorzuheben, daß gerade die Richter viel zur rechtlichen Ausformung der Institution des waqf beigetragen haben[3].

2 *Die Gerichtsverfassung*

21

Hatten sich die genannten Aufgaben des qāḍī bisher nur aus der religiösen Natur des waqf abgeleitet, so wurde diese Zuständigkeit im Osmanischen Reich erstmals zur Zeit der Tanẓīmāt durch eine staatliche Gerichtsverfassung bestätigt. Nach europäischem Vorbild geschaffene Kodifikationen hatten eine veränderte Gerichtsorganisation erforderlich gemacht, und das Gerichtsverfassungsgesetz aus dem Jahre 1879[4] beließ den Sharī'a-Gerichten ihre Zuständigkeit in Familien-, Erb- und Stiftungssachen[5]. Im Zuge der Säkularisierung wurde am 25. 10. 1917 eine neue Sharī'aprozeßordnung erlassen, die jedoch die Kompetenz der muslimischen Gerichte in Waqffragen nicht wesentlich beschnitt[6]. Im Sinne einer Straffung der Verwaltung war bereits zuvor mit Gesetz vom 12. 3. 1917 die Aufsicht über sämtliche Sharī'a-Gerichte und zwar auch über die sogenannten Evkaf-Gerichte dem Justizministerium übertragen worden[7].

Geistliche und weltliche Gerichte behielten im Libanon des französischen Mandats zunächst die Verfassung aus dem Jahre 1917 bei[8]. Im Décret-loi Nr. 6 „Sur l'organisation judiciaire" vom 3. 2. 1930, auf das im Zusammenhang mit den Stiftungen der christlichen Religionsgemeinschaften noch einzugehen ist[9], bestätigte Art. 38, daß

> „les juridictions musulmanes et druzes du statut personnel conserveront leur compétence actuelle à l'égard de leurs justiciables respectifs."

[1] Tyan, Organisation Judiciaire II S. 55—59.
[2] Juynboll, a. a. O., S. 649.
[3] Tyan, Judicial Organization, S. 241.
[4] Reglement über die (staatlichen) niẓamiye-Gerichte vom 17. 6. 1879 (Kramers, tanẓīmāt in EI IV S. 713); Text Young I S. 166ff.
[5] Schacht, meḥkeme in EI, Ergänzungsband, S. 158.
[6] Vgl. Jäschke S. 34; La Syrie et le Liban S. 50.
[7] Vgl. Jäschke S. 34 und Anm. 7; Schacht, a. a. O., S. 158.
[8] CdCass. Nr. 75, 9. 5. 1939, RepJL S. 824.
[9] Unten S. 92.

Eine wesentliche Neuordnung brachte erst das Décret législatif Nr. 241/NI vom 4. 11. 1942, in dem erstmalig die einzelnen Rechtsgebiete aufgeführt werden, die der Rechtsprechung der Sharīʿa-Gerichte unterliegen[1]:

ARTIKEL 14

Ziffer 14 — le wakf: ses dispositions, sa nonrévocabilité[2], sa validité[3], ses conditions, la désignation de ses bénéficiaires, son partage pour sa conservation et sa révalorisation.

Ziffer 15 — la nomination du mutawalli des wakfs dhurries, . . .; quant au caimacam mutawalli qui remplace le mutawalli absent, révoqué, décédé ou démissionaire, cette fonction devolue d'office à l'administration des Wakfs, par application des dispositions de l'article 55 du règlement du Tewdjih el Djihat.

Ziffer 16 — la révocation du mutawalli (et du tuteur), la reddition de leurs comptes de gestion[4]; leur condamnation au remboursement des sommes dont ils pourraient être débiteurs.

Ziffer 17 — l'autorisation . . . au mutawalli des wakfs dhurries.

Einige prozessuale Bestimmungen des Décret-législatif seien in diesem Zusammenhang noch erwähnt. Nach Art. 34 ist der Gerichtsstand in Waqfangelegenheiten entweder der Wohnsitz des Beklagten oder der Ort, in dem die gesamten Güter der Stiftung belegen sind. — Bei Fragen der Rechnungslegung von Verwaltern eines waqf dhurrī kann der Richter einen Sachverständigen beiziehen und eine Ortsbesichtigung vornehmen (Art. 52).

Die Sharīʿa-Gerichtsbarkeit[5] kennt zwei Rechtszüge. In der ersten Instanz urteilt der Einzelrichter (Art. 4), in der Berufungs-

[1] Demgemäß besteht in diesen Fragen eine absolute Inkompetenz der ordentlichen Gerichte. Diese kann in jedem Rechtszug geltend gemacht werden (CdCass. in N. Q. 1955 S. 514).

[2] I. e. der Scheinprozeß.

[3] Das Sharīʿa-Gericht befindet also über Fragen, die die Gültigkeit der Errichtung eines waqf betreffen. Wenn jedoch das Eigentum am gestifteten Gut strittig ist, muß vorab das Zivilgericht entscheiden (CdCass. in N. Q. 1951 S. 9ff.).

[4] Gemäß Neufassung des Art. 14 durch Gesetz vom 14. 12. 1946 nur bei dhurrī- und mustathna-Stiftungen. Für awqāf khayriyya mulḥaqa steht diese Aufgabe den Waqfverwaltungsräten zu (Art. 58 Z. 6 Gesetzesverordnung Nr. 18; unten S. 117).

[5] Gemäß Art. 2 Décret législatif sind die sunnitischen und schiʿitischen Gerichte im Gegensatz zu denen der Drusen und der christlichen communautés Teile des staatlichen Justizwesens. Über die Gründe vgl. Rondot S. 69 und Kewenig.

instanz eine aus drei Richtern gebildete Kammer[1]. Eine dritte oder Revisionsinstanz besteht nicht. Einen waqf belastende Urteile müssen vom Berufungsgericht bestätigt werden, wenn sie vollstreckt werden sollen (Art. 160).

22

Eine ähnliche Regelung gilt für die schi'itische, eine abweichende für die drusische Religionsgemeinschaft.

Die Schi'iten hatten im Osmanischen Reich keine religiöse oder rechtliche Selbständigkeit genossen[2]. Den Status einer Religionsgemeinschaft erwarben sie erst durch Arrêté Nr. 3503 vom 27. 1. 1926. Zugleich erhielten sie eine von den Sunniten unabhängige religiöse Gerichtsbarkeit, deren Umfang sich gemäß Art. 3 nach dem osmanischen Gerichtsverfassungsgesetz von 1917 bemaß. Die Gleichstellung mit der sunnitischen Gerichtsbarkeit wurde im Décret-loi Nr. 6 und im Décret législatif Nr. 241/NI beibehalten. Da die schi'itische Religionsgemeinschaft keine eigene zentrale Waqfverwaltung besaß, übertrug Art. 14 Ziffer 20 des Décret législatif in der bereits erwähnten Neufassung vom 14. 12. 1946 den schi'itischen Gerichten diejenigen Kompetenzen, die bei Stiftungen der sunnitischen Religionsgemeinschaft ihren Waqfverwaltungsbehörden zukamen[3]. Die schi'itische Gerichtsverfassung kennt wie die sunnitische nur zwei Rechtszüge. Lediglich die Anzahl der erstinstanzlichen Gerichte ist in Anbetracht des niedrigeren Bevölkerungsanteils geringer.

Gemäß Art. 111 Décret législatif ist der schi'itische Richter gehalten, die Lehren des schi'itischen Rechts seinen Entscheidungen zugrunde zu legen. Es sind deshalb Zweifel geäußert worden, ob das waqf-dhurrī Gesetz und insbesondere die dem schi'itischen Recht unbekannte Beschränkung des waqf dhurrī auf zwei Generationen[4] überhaupt für ihn verbindlich seien. Da sich Art. 45 Gesetz vom 10. 3. 1947 nur an die christlichen und israelitischen Religionsgemeinschaften wendet, kann die Verbindlichkeit gegenüber den Schi'iten nur aus einem allerdings nicht ausdrücklich erklärten Anspruch des Gesetzes abgeleitet werden, gleichermaßen sunnitische, schi'itische und drusische Stiftungen zu regeln. Art. 46 hätte dann insoweit Art. 111 Décret législatif außer Kraft gesetzt und damit den Schi'iten eine Rechtsordnung auferlegt, die, wenn auch im Interesse des Staates erlassen, sich ausschließlich auf sunnitische Rechtsgutachten und Lehrmeinungen stützt. Befriedigend ist eine solche Argumentation im Libanon, wo stets um

[1] Maḥmaṣṣānī, al-awḍā' al-tashrī'iyya, S. 231.
[2] Maḥmaṣṣānī, a. a. O. S. 232.
[3] Maḥmaṣṣānī, a. a. O. S. 232.
[4] Querry I S. 593 Nr. 57, 59.

das prekäre Gleichgewicht zwischen den Religionsgemeinschaften gerungen wird, zweifellos nicht. Eine Lösung wird erst ein praktischer Fall herbeiführen können.

23

Anders als die Schi'iten hatten die Drusen, deren Wohngebiete im Libanon sich auf die Berge oberhalb Beiruts konzentrieren, im Osmanischen Reich eine faktische Sonderstellung einnehmen können, die ihnen auch nach Erlaß des Règlement vom 6. September 1864 erhalten blieb. Wenngleich die Gerichtsverfassung der Art. 6—8 des Règlement nicht lange in Kraft blieb[1] und an ihre Stelle später das osmanische Gesetz von 1879 trat, blieb die Eigenständigkeit der Drusen im Bereich der Rechtsprechung doch insoweit gewahrt, als auch ihre Vertreter zu Richtern berufen und ihre besonderen Interessen wie die der anderen Religionsgemeinschaften respektiert wurden.

Da den Drusen eine autonome Rechtsprechung jedoch nie gesetzlich gestattet worden war, konnte sie der oben zitierte Art. 38 des décret-loi Nr. 6, der auch ihnen die alten Befugnisse beließ, nicht befriedigen. So kam es erst zu einer endgültigen Gleichstellung mit Sunniten und Schi'iten durch Gesetz vom 9. 12. 1930. Das décret législatif Nr. 241/NI wendet sich nicht an die drusische communauté. Ihre konfessionelle Gerichtsbarkeit ist nicht staatlich organisiert. Berührungspunkte sind nur insoweit gegeben, als sich das Berufungsgericht aus dem shaykh al-'aql, dem rangältesten geistlichen Würdenträger, und den zwei jeweils ranghöchsten Zivilrichtern, die der Gemeinschaft angehören, zusammensetzt.

Im Gegensatz zu den beiden muslimischen Gemeinschaften hat die drusische ein eigenes Personalstatutsgesetz (vom 24. 2. 1948), das jedoch für den Bereich des Waqfrechts keine besonderen Bestimmungen gebracht hat. Nach Art. 170 sind in allen waqfrechtlichen Fragen alte Gebräuche, die Bestimmungen der sharī'a (gemäß Art. 171 der hanefitischen Schule) und damit vereinbare Gesetze anzuwenden[2]. Abweichungen von den dargelegten Grundzügen des Waqfrechts sind folglich nicht gegeben. Eine Ausnahme besteht nur in Hinblick auf das Erbrecht. Art. 148 erklärt auch solche testamentarischen Verfügungen für gültig, in denen der Erblasser sein gesamtes Vermögen einem gesetzlichen Erben oder Nichterben hinterläßt — in der Tat ein höchst überraschendes, revolutionäres Abweichen von der sharī'a[3]. Da das Personal-

[1] Siehe oben S. 5.

[2] Anderson, Druze Community, S. 94; d'Emilia, S. 314; Maḥmaṣṣānī, a. a. O., S. 232.

[3] Anderson, Druze Community, S. 91.

statutsgesetz zeitlich nach dem waqf-dhurrī-Gesetz erlassen wurde, kann kein Zweifel bestehen, daß ihm Vorrang gebührt und folglich der drusische wāqif keine Beschränkung seiner Verfügungsfähigkeit kennt. Art. 158ff. regeln die Registrierung von Testamenten, die vom qāḍī oder einem religiösen shaykh vorgenommen werden kann[1], und Art. 169 schließlich führt das Vertretungsprinzip ein[2], das ein Jahr zuvor bereits im Waqfrecht in Art. 39 Einzug gehalten hatte.

24

Bei Kompetenzstreitigkeiten der religiösen Gerichtsbarkeiten untereinander oder mit den ordentlichen Gerichten entscheidet die „Chambre Civile" der Cour de Cassation, die Revisionsinstanz der Zivilgerichtsbarkeit[3].

IX. Teil

TEILUNG UND BEENDIGUNG DES WAQF

1 *Die Teilung des waqf*

Der Ausschluß der Begünstigten von der Verwaltung der Stiftungen und ihre völlige Abhängigkeit vom mutawallī sind stets Ursache von Streitigkeiten und Unfrieden gewesen. Das Gesetz vom 10. 3. 1947 hat deshalb nicht nur durch die Artikel 30 und 31 ermöglicht, den mutawallī vom Sharī'a-Gericht abberufen zu lassen, wenn er aus dem Kreis der Begünstigten ersetzt werden kann oder sein weiterer Verbleib im Amt den Interessen des waqf bzw. der Begünstigten schadet. Es hat zugleich auch mit den Art. 17ff. eine Teilung des waqf dhurrī[4] in der Form eingeführt, daß den einzelnen Begünstigten gestattet ist, ihren Anteil in Zukunft unabhängig und ohne Einmischung seitens eines mutawallī zu verwalten. Nicht also der waqf als solcher wird geteilt, sondern lediglich seine Verwaltung.

11

Die hanefitische Lehre kann aus dogmatischen Gründen eine endgültige Teilung der Stiftung unter die Begünstigten nicht erlauben, da dies ein zeitweilig zwar gebundenes, später aber uneingeschränkt auf die Begünstigten übergehendes Eigentum voraussetzt. Gestattet war deshalb lediglich eine provisorische Teilung,

---

[1] Anderson, a. a. O., S. 92f.; Maḥmaṣṣānī, al-mubārī al-shar'iyya, S. 123.

[2] Anderson, a. a. O., S. 94; d'Emilia S. 312.

[3] Gemäß Art. 17 Z. 4 und 5 des Gesetzes vom 10. 5. 1950 über die Organisation der zivilen Gerichtsbarkeit. Vorgänger war das libanesische „tribunal de conflits", errichtet durch Arrêté Nr. 146/LR vom 18. 11. 1938.

[4] Art. 17ff. sind auch anwendbar auf die vor dem 10. 3. 1947 errichteten Stiftungen (Gericht 1. Instanz Beirut in N. Q. 1948 S. 407).

die der jederzeit widerrufbaren Zustimmung aller Begünstigten bedurfte und der nachfolgenden Generation nicht entgegengehalten werden konnte[1].

Die Erlaubnis zur Teilung des waqf dhurrī wird daher von dem auch für den libanesischen Gesetzgeber vorbildlichen ägyptischen Explanatory Memorandum mit einer einzelnen, überdies kontroversen Meinung legitimiert, die auf der hanbalitischen Lehre vom Eigentum der Begünstigten am gestifteten Gut aufbaut[2]. Auf das Bedenkliche einer solchen Methode ist bereits oben im Zusammenhang mit der Beschränkung des waqf auf zwei Generationen hingewiesen worden. Keineswegs ist mit dieser hanbalitischen Auffassung die Theorie Abū Ḥanīfas identisch, daß das Eigentum am gestifteten Gut dem wāqif erhalten bleibe und nach seinem Tod auf die Erben übergehe. Einmal folgt diese Lehre aus der Rechtsnatur eines waqf, dessen Stifter man einräumt, zu Lebzeiten widerrufen zu können. Und dann ist der Eigentumsübergang auf die Erben keinesfalls gleichzusetzen mit dem auf die Begünstigten, da beide nur in den seltensten Fällen identisch sind.

Auch die bereits zitierte Entscheidung der Cour d'Appel Alexandrien von 1896[3], nach der die raqaba der frommen Institution zusteht und sich dort wieder mit dem taṣarruf vereinigt, deckt sich nicht mit der hanbalitischen Auffassung. Die aus einem Familienwaqf alter Form berechtigten natürlichen Personen sind nur vorläufige Begünstigte, so lange sie bzw. die Nachkommen des Stifters auch von dem waqf profitieren mögen. Endbegünstigter ist stets eine fromme oder wohltätige Einrichtung. Es ist aber ein entscheidender Unterschied, ob man das Eigentum am gestifteten Gut wie die Cour d'Appel Alexandrien nur den Endbegünstigten, oder aber wie die zur Legitimierung der Teilung herangezogenen Hanbaliten den jeweiligen Begünstigten zuweist[4].

12

Die Teilung des waqf kann auf Antrag eines oder mehrerer Begünstigter vorgenommen werden, wenn das Gut teilbar ist und die Teilung keinen wirtschaftlichen Schaden nach sich zieht (Art. 17 I). In einem gemischten waqf steht dem Verwalter des für wohltätige Zwecke bestimmten Anteils das Antragsrecht zu (Art. 17 II). Für die Festsetzung der Anteilswerte werden gemäß Art. 18 die waqfiyya, Ortsgebrauch oder richterliche Entscheidung herangezogen. Falls die Begünstigten Rechte unterschiedlicher Natur

---

[1] Tabbah S. 438.

[2] Vgl. Anderson, Recent Developments, S. 275; Cattan S. 219; Heffening S. 1188.

[3] Oben S. 38.

[4] Vgl. Anderson, a. a. O., S. 275.

haben, nämlich auf prozentuale Anteile vom Ertrag oder auf Beträge fester Höhe, wird auf der Grundlage des bereits erwähnten Art. 19[1] jeder einzelne Anteil durch das für das Teilungsverfahren zuständige Gericht bewertet (Art. 20).

Bei der Teilung sind die Interessen der Endbegünstigten, der frommen oder wohltätigen Einrichtung, in der Form zu wahren, daß ihnen pauschal 15% des Wertes der Stiftung zur Abgeltung aller Rechte zugeteilt werden (Art. 27)[2]. Handelt es sich darum, einen gemischten waqf in einen waqf dhurrī und einen waqf khayrī aufzuteilen, so stehen der ausgegliederten wohltätigen Stiftung nicht nur die Hälfte des Wertes, sondern darüber hinaus noch gemäß Art. 27 15% des Wertes der anderen Hälfte, also insgesamt 57,5% zu[3].

Die vom Gericht vorgenommene Teilung hat zur Folge, daß die Begünstigten nunmehr den ihnen zugesprochenen Teil selbst verwalten können, eines fremden mutawallī nicht mehr bedürfen (Art. 29). Keinesfalls ist die Teilung in der Weise zulässig, daß den Begünstigten Eigentumsanteile übertragen werden[4]. Dies würde eine Beendigung des waqf bedeuten. Allerdings bleibt es den Begünstigten unbenommen, nach erfolgter Teilung die Beendigung „ihres" waqf zu beantragen[5], wenn die Voraussetzungen des Art. 32 gegeben sind[6].

Eine einmal rechtmäßig durchgeführte Teilung ist endgültig, ein später berechtigter Begünstigter kann sie nicht anfechten (Art. 26 II). Auch die vor Erlaß des Gesetzes rechtmäßig vorgenommenen Teilungen werden durch Art. 26 I sanktioniert und für endgültig erklärt.

2 *Beendigung des waqf*

Die Beendigung des waqf kann aus den folgenden Gründen eintreten:

21

Der Glaubensabfall des Stifters hat bei dem von einem Manne gestifteten waqf Nichtigkeit zur Folge. Das waqfierte Gut geht auf die Erben über. Die von einer Frau errichtete Stiftung bleibt hingegen bestehen, weil ihre Vermögensrechte durch den Religionswechsel nicht beeinträchtigt werden[7].

22

Die Waqfeigenschaft erlischt, wenn sich das gesetzwidrige Zustandekommen der Stiftung herausstellt. Die richterliche Nichtig-

[1] Oben S. 58.

[2] Dieser Vorschrift entspricht kein Artikel des ägyptischen Gesetzes.

[3] CdCass. in N. Q. 1958 S. 112.

[4] CdApp. Beirut in N. Q. 1949 S. 735.

[5] Gericht 1. Instanz Beirut in N. Q. 1948 S. 407.

[6] CdCass. in N. Q. 1951 S. 96ff.

[7] Krcsmárik S. 573f.; Santillana II S. 450f.; Heffening S. 1188; Kadri Pacha S. 21 Nr. 28f.

keitserklärung wird nicht dadurch ausgeschlossen, daß zuvor die Eintragung im Register erfolgte[1]. Beispiele für Gesetzwidrigkeit sind die Stiftung eines Minderjährigen; die Stiftung aus dem Vermögen eines Dritten; nach einem Teil der Lehre die Stiftung des verschuldeten wāqif. Im letzten Fall hat der qāḍī auf Ersuchen der Gläubiger Teile der Stiftung zu veräußern, soweit dies für ihre Befriedigung erforderlich ist[2].

23

Wird der waqf gegenstandslos, weil die mit den Erträgen aus der gestifteten Immobilie zu unterhaltende Brücke eingestürzt ist und nicht wieder aufgebaut wird; weil die Moschee sich nunmehr in einem Land befindet, das die Religionsausübung von Muslimen nicht duldet, dann sind nach der herrschenden, von Abū Ḥanīfa und Abū Yūsuf[3] vertretenen Meinung die Erträge für einen dem ursprünglichen ähnlichen Zweck zu verwenden. Nach anderer, von Muḥammad und der malekitischen Lehre verfochtenen Auffassung, die den Verbleib des Eigentums beim Stifter bzw. bei seinen Erben bejaht, ist ein gegenstandslos gewordener waqf dem Stifter bzw. seinen Rechtsnachfolgern zurückzugeben[4].

24

Der waqf dhurrī endet, wenn die Gebäude zerfallen sind und deren Wiederaufbau oder istibdāl nicht in einer Weise vorgenommen werden können, die den Begünstigten angemessene Erträge zusichert (Art. 32, Gesetz vom 10. 3. 1947)[5]. Nach dem inzwischen geänderten Artikel 33[6] kehrte das Eigentum am gestifteten Gut zum Stifter bzw. an seine Erben zurück, wenn die Erträge des waqf völlig unbedeutend geworden waren, die Stiftung faktisch und damit rechtlich aufgehört hatte zu existieren. Diese Vorschrift war wenig sinnvoll. Wenn sie nur für die nach dem 10. 3. 1947 errichteten Stiftungen gelten sollte, so hatte der wāqif ohnehin das Recht der Rücknahme und an seine Erben würde das gestiftete Gut spätestens nach Erlöschen der 2. Generation fallen. War sie aber auch auf vor diesem Datum errichtete Stiftungen anzuwenden, wie das Gericht 1. Instanz Beirut mit Urteil vom 4. 2. 1948[7] bekräftigte, so blieb unverständlich, warum das Eigentum an den Stifter bzw. sehr viel wahrscheinlicher an seine inzwischen weit verzweigte Familie zurückfallen sollte. Sonst wäre unter gleichen

---

[1] Krcsmárik S. 572. Siehe auch oben S. 30f.
[2] Siehe oben S. 21.
[3] Krcsmárik S. 574.
[4] Krcsmárik S. 574; Heffening S. 1188. Für Rückgabe Tornauw S. 301.
[5] Art. 32ff. gelten auch für die vor dem 10. 3. 1947 errichtete Stiftungen: Gericht 1. Instanz Beirut in N. Q. 1948 S. 407.
[6] Siehe Anhang Nr. 1 S. 106.
[7] N. Q. 1948 S. 407.

Voraussetzungen, wenn die wirtschaftliche Situation es erforderlich machte, istibdāl durch öffentliche Versteigerung vorgenommen worden. Durch die Neufassung des Art. 33 ist diesen Bedenken Rechnung getragen. Es werden jetzt Modalitäten des Versteigerungsverfahrens geregelt, ohne daß allerdings ausdrücklich auf eine Liquidierung des waqf durch öffentliche Versteigerung Bezug genommen wird. Der ebenfalls neugefaßte Art. 34 wiederholt in Absatz I die alte Vorschrift in differenzierter Form und regelt in seinem zweiten Absatz die Bewertung von Anteilen und Rechten im Rahmen der Auseinandersetzung.

Es ist zu unterstreichen, daß der waqf bereits durch den völligen Verfall rechtlich sein Ende gefunden hat. Eine entsprechende gerichtliche Feststellung gemäß Art. 34 a. F. ist rein deklaratorisch[1] und richtet sich vor allem an staatliche Stellen wie das Grundbuchamt oder die Steuerbehörde. Die deklaratorische Feststellung trifft auch nicht das für den waqf dhurrī sonst zuständige Sharī'a-Gericht, sondern ein Zivilgericht, das durch Gesetzesdekret Nr. 10.246 vom 22. 10. 1947 als Sondergericht für die Liquidation von Stiftungen eingerichtet ist. Aus alledem folgt ferner, daß die gerichtliche Versteigerung lediglich einen Weg der zivilrechtlichen Vermögensauseinandersetzung darstellt. Keinesfalls braucht mit der Versteigerung das Gericht betraut zu werden. Es ist ebenfalls zulässig, das Vermögen des ehemaligen waqf ohne Mitwirken der Behörden freihändig oder durch die zentrale Waqfverwaltung versteigern zu lassen[2].

25

Der Vermögenszuwachs bei der Auflösung des waqf wird wie der Anfall des Nutzungsrechts besteuert[3]. Die Steuer ist mit der Liquidation fällig. Sie wird auf zwei Drittel des Wertes des Anteils eines jeden Begünstigten abzüglich eines Freibetrages von LL 2.000,— (rd 2.600,— DM) erhoben.

X. Teil

DIE STIFTUNGEN DER CHRISTLICHEN RELIGIONSGEMEINSCHAFTEN

1 *Das Waqfrecht der „dhimmī" und der „milla" im Osmanischen Reich*

Bei dem engen Zusammenleben von Muslimen mit Christen bzw. Israeliten im Osmanischen Reich konnte es nicht ausbleiben, daß auch diese danach trachten würden, sich die offensichtlich vorteilhafte Institution des waqf zu Nutze zu machen, sei es des persönlichen Vorteils wegen, sei es im Interesse ihrer Gemeinschaft. Da

[1] CdCass. in N. Q. 1954 S. 526; CdApp. Nordlibanon in N. Q. 1957 S. 620.

[2] CdCass. in N. Q. 1954 S. 832.

[3] Siehe oben S. 54.

aber der waqf religiösrechtlicher Natur war und die Gott geschuldete Pflicht der Wohltätigkeit (ṣadaqa) erfüllte[1], konnte der Zugang zu ihm keinesfalls selbstverständlich sein, sondern rührte vielmehr an die Stellung des Ungläubigen als geduldeter Untertan eines muslimischen Herrschers.

Nach der islamischen Eroberung hatten die Kalifen mit den „Buchleuten", Christen, Juden und Zoroastriern, Schutzverträge (*dhimma*[2]) abgeschlossen, durch die sie ihnen Leben, Freiheit und in bestimmtem Umfang auch Eigentum garantierten, die Religionsausübung erlaubten sowie gewisse Benachteiligungen gegenüber den Muslimen auferlegten. Die nach dem Schutzvertrag *dhimmī* genannten andersgläubigen Untertanen bildeten im Osmanischen Reich auf der Grundlage ihrer Konfessionszugehörigkeit Gemeinschaften (*milla*[3]), deren interne Gesetze dann ihr Verhältnis zum Staat bestimmten: erst durch Zugehörigkeit zu einer milla wurde der Status eines einzelnen dhimmī festgelegt[4]. Bevollmächtigte Vertreter gegenüber dem Herrscher und gleichsam souveräne Führer[5] waren die frei gewählten geistlichen Oberhäupter, Patriarchen oder Rabbi[6], unter deren Leitung die Religionsgemeinschaft wie ein Volk dahinlebte, als Staat im Staate[7] eifersüchtig auf seine Unabhängigkeit bedacht. Diese Unabhängigkeit wurde garantiert durch zumeist alte Privilegien[8], nach denen die

---

[1] Santillana II S. 412.

[2] Cahen, Dhimma, in EI 2. Aufl. II S. 234ff.; Fattal S. 72ff.; Gibb-Bowen I/2 S. 207ff.; Kruse S. 75ff.; ausführlich Kewenig „Die Dhimma". Weitere Literatur bei Rondot S. 57 Anm. 3.

[3] Arabisch „Religion", „Ritus", woraus „Religionsgemeinschaft" wurde. Die türkische Form „millet", im Gebrauch erst seit dem 19. Jhdt, bezeichnet „Nation" (Gibb-Bowen, I/2 S. 212 Anm. 1).

[4] Gibb-Bowen I/2 S. 212.

[5] Rapport 1934 S. 60.

[6] Ihre Abhängigkeit von der Hohen Pforte kam zum Ausdruck in der Investitur durch Übersendung eines „Berat" (barā'a; s. Brunschvig, barā'a, EI 2. Aufl. I S. 1027), der die gesetzgebenden und rechtsprechenden Befugnisse des geistlichen Oberhaupts aufzählte (Gannagé, Statut personnel, S. 66f.). So heißt es z. B. in einer Entscheidung der Cour de Cassation vom 15. 4. 1927 (RepJL S. 831): „le bérat délivré (1898) à Monsignore Rahmani, Patriarche des syriens catholiques, stipule que „personne ne doit s'immiscer dans la gérance des immeubles de la communauté, etc".

[7] Rapport 1934 S. 60.

[8] Die für die verschiedenen Religionsgemeinschaften ungleichen Privilegien (siehe für jede milla Young II) wurden angeglichen durch den Hatti Scherif von Gülhane (3. 11. 1893; Text Engelhardt I Anhang I S. 257ff.), der de jure allen ottomanischen Untertanen die gleichen bürgerlichen Rechte zuerkannte, und durch den Hatti Humayun vom 18. 2. 1856 (Text Young II S. 3ff.), der die Gleichheit aller Religionen statuierte, die Kompetenz der konfessionellen Gerichte jedoch einschränkte.

Gemeinschaft ihre interne Verwaltung organisieren und auf den Gebieten des Ehe-, Kindschafts- und Vormundschaftsrechts sowie auf Teilgebieten des Erbrechts eigenes Recht setzen und danach urteilen lassen durfte[1].

Zu den genannten Rechtsgebieten gehörte weiter, wenngleich mit einer entscheidenden Einschränkung, das Waqfrecht. Jeder dhimmī, gleich ob männlichen oder weiblichen Geschlechts, konnte einen waqf zugunsten seiner Erben errichten, sofern nach dem Aussterben seiner Familie die Erträge den Armen seiner Religion zukommen würden[2]. Dabei war sogar die Bedingung zulässig, daß der Begünstigte nicht zum Islam konvertieren dürfe[3]. Der dhimmī konnte einen waqf zugunsten eines Muslim errichten oder auch Begünstigter eines muslimischen waqf sein[4]. Ferner konnte er wohltätige awqāf stiften, die jedoch nicht die Errichtung und Unterhaltung von Kirchen und Klöstern sowie das Abhalten von Gottesdiensten zum Gegenstand haben durften[5]. Aber auch wenn Nichtmulime sich des waqf bedienten, blieb es eine Institution des islamischen Rechts, so daß stets der qāḍī für seine Errichtung zuständig war[6]. „Muslimischer" wie „nichtmuslimischer" waqf wurden im Sharī'agericht registriert[7], unterstanden demselben Recht und begründeten dieselbe Gerichtszuständigkeit[8]. Nur wenn die Erträge karitativen Zwecken innerhalb der milla zukamen, stand ihr bzw. den zur Wahrnehmung solcher Aufgaben gebildeten Räten[9] das Recht zu, die Abrechnung des mutawallī zu überprüfen, ihn erforderlichenfalls zu entlassen und einen Nachfolger zu ernennen. Über alles weitere, so die Zulässigkeit von idjāratayn, muqāṭa'a, istibdāl u. a. m. befand der qāḍī bzw. ab 1876 das ordentliche (niẓamiye) Gericht (so noch Art. 34 Z. 11—13 „Loi Nr. 6", unten S. 93).

Infolge der genannten Beschränkungen konnte die milla sich nicht des waqf bedienen, um für die Durchführung ihrer rein reli-

[1] Young II S. 2.

[2] Cardahi, Conflict of Law, S. 336; Fattal S. 143; Cahen, Réflexions sur le waqf ancien, S. 53.

[3] Fattal, S. 143; Cardahi, La conception, S. 38.

[4] Santillana I S. 101; Fattal S. 143; Hilmi Art. 57, 59 (bei Young VI S. 113 Anm. 4a) f.

[5] Santillana I S. 104f.; Gibb-Bowen I/2 S. 165. Falls dennoch ein waqf zugunsten einer Kirche errichtet wurde, soll nach d'Ohsson diese Aussetzung nicht nichtig, sondern nur durch die Erben anfechtbar sein. — Belin berichtet von einem Fall, daß in Ägypten der koptischen Kirche Bücher geschenkt wurden (S. 514f.).

[6] Rapport 1934 S. 57.

[7] Gibb-Bowen I/2 S. 174.

[8] Rapport 1934 S. 57.

[9] Vgl. CdCass. Nr. 88, vom 14. 5. 1927, in RepJL S. 830, über Aufgabenbereich des „Conseil mixte" der griechisch-katholischen communauté.

giösen Aufgaben eine wirtschaftliche Grundlage zu schaffen. Wenn dennoch landläufig der gesamte weltliche Besitz der Religionsgemeinschaften „waqf" genannt wird, so ist eine solche Bezeichnung regelmäßig dann falsch, wenn es sich nicht um wohltätige Stiftungen zugunsten der Armen der Gemeinschaft oder um eine nach Aussterben der Nachkommen des wāqif an die Gemeinschaft gefallene Familienstiftung handelt. Richtig ist deshalb, zwischen Stiftungen im weiteren Sinne[1] oder uneigentlichen awqāf[2] und eigentlichen zu unterscheiden; denn ein uneigentlicher waqf erfüllt vor allem die Bedingung nicht, daß die Stiftung für ewige Dauer errichtet und die gestiftete Sache unveräußerlich sein muß: der geistliche Führer der Gemeinschaft ist grundsätzlich nicht gehindert, über Kirchenbesitz zu verfügen.

Da das islamische Recht die Institution der juristischen Person nicht kennt[3], bestand eine weitere Schwierigkeit darin, daß die Religionsgemeinschaften im eigenem Namen kein Eigentum erwerben konnten[4], und Urkunden über die ihnen zustehenden Stiftungen oder Rechte an Stiftungen nicht auf sie ausgestellt werden konnten[5]. Bei Stiftungen behalf man sich wie die Muslime, deren religiösen oder wohltätigen Einrichtungen es ebenfalls versagt war, in eigenem Namen Rechte zu erwerben: sobald ein waqf unwiderruflich errichtet war, wurde vom qāḍī eine Bescheinigung darüber ausgefertigt. Diese wurde dem Grundbuchamt vorgelegt, das den waqf dann im Grundbuch eintrug. Eine neue Urkunde wurde nicht ausgestellt, sondern nur die alte des ehemaligen Eigentümers eingefordert und vernichtet. Bei Grunderwerb schob man oft Personen vor, die gegenüber den Behörden als Eigentümer auftraten. Zumeist waren es die religiösen Führer, bei ausländischen Kolonien die Konsuln. Diese Umgehung hatte jedoch häufig zur Folge, daß nach dem Tode dieser Personen ihre Erben die Herausgabe verweigerten[6].

2 *Das Waqfrecht der christlichen „communautés" in der libanesischen Republik*

Die Konzeption einer milla mußte sich grundlegend ändern, als der Libanon aus dem theokratischen Osmanischen Reich ausschied und zu einem unabhängigen Staat wurde. Fortan verfügte

[1] Art. 255 I des qanūn al-aḥwāl al-shakhṣiyya lil ṭawā'if al-kāthūlīkiyya (Gesetz des Personalstatuts der katholischen Religionsgemeinschaften).
[2] Aouad, Droit Privé des Maronites, S. 259.
[3] Siehe oben S. 35.
[4] Rapport 1934 S. 60.
[5] Padel-Steeg S. 243.
[6] Padel-Steeg S. 243; Rapport 1934 S. 60. Über den Erwerb von Grundbesitz in Form des „waqf coutumier" siehe oben S. 50f.

keine der zahlreichen Konfessionen mehr über eine erdrückende Mehrheit. Nicht einmal das Verhältnis von Christen zu Muslimen war derart, daß sich eine der beiden Gruppen in einer klaren Minderheit befand. Aus den milla wurden die *„communautés"*[1], ohne mit ihnen identisch zu sein. Sie waren in gewisser Weise säkularisiert; denn wenn auch Grundlage für die Zusammenschlüsse das gemeinsame Bekenntnis blieb, so waren sie herausgenommen aus der Polarität muslimischer Mehrheit — christlicher (und israelitischer) Minderheit und unter Einbeziehung von Sunniten[2], Schi'iten und Drusen institutionalisiert als untereinander gleichberechtigte religiöse und politische Interessenvertretungen. Heute stellen die gegenwärtig registrierten 15 communautés[3] vor allem Kräfte dar, die auf jeden Bereich des öffentlichen Lebens einwirken und direkt oder indirekt maßgebend das politische Geschehen im Staate mitbestimmen[4].

---

[1] Der Begriff „communauté" ist in seinem Wirklichkeitsgehalt nicht ins Deutsche übertragbar. Die hier verwendete Übersetzung „Religionsgemeinschaft" kann deshalb nicht die ganze Bedeutung wiedergeben, die einer communauté im politischen, religiösen, kulturellen und gesellschaftlichen Leben des Libanon zukommt. Nach Kewenig (Der säkularisierte „Communauté"-Begriff im Libanon von heute) sind Religionsgemeinschaften Körperschaften des öffentlichen Rechts, als solche Träger von Rechten und Pflichten. Als quasiautonome Personalkörperschaften besitzen sie eine begrenzte, ihnen durch den Staat zugewiesene gesetzgebende und rechtsprechende Gewalt, die sich auf alle Mitglieder derselben Gemeinschaft erstreckt.

[2] Siehe oben S. 12.

[3] Neben Sunniten, Schi'iten und Drusen sind es gemäß Art. 1, Loi sur le statut personnel von 1951, die folgenden 11 christlichen Gemeinschaften, aufgeführt in der Reihenfolge ihrer Stärke:
Maroniten
Griechische Orthodoxe
Melkiten (communauté grecque catholique melchite)
Armenische Orthodoxe (c. arménienne grégorienne orthodoxe)
Armenische Katholiken
Syrische Orthodoxe
Syrische Katholiken
Nestorianer (c. assyrienne chaldéenne-nestorienne)
Chaldäer
Römische Katholiken (c. latine)
Protestanten,
sowie Israeliten (1951 rd 7000), die vorwiegend in Beirut ansässig und wegen ihrer Vorbehalte gegenüber dem Zionismus keinen Angriffen ausgesetzt sind.

[4] „Die Religionsgemeinschaften unseres Landes stellen nicht nur religiöse Einheiten, sondern auch politische Parteien dar". Der maronitische Abgeordnete El-Khazen, zitiert bei Rondot S. 23.

Die rechtliche Gleichstellung von muslimischen und christlichen Religionsgemeinschaften war nicht von vornherein gegeben. Sie vollzog sich auf zwei Ebenen. Einmal galt es, allen Konfessionen den Status einer communauté zu verleihen, um, von innenpolitischen Gesichtspunkten abgesehen, sich bei gesetzgeberischen Maßnahmen an gleiche Adressaten wenden zu können. Die Anerkennung einer schi'itischen communauté im Jahre 1926 sowie die Anerkennung der Protestanten, zunächst beschränkt im Arrêté Nr. 60/LR vom 13. 3. 1936[1] und dann vollständig durch Artikel 28 Arrêté 146/LR vom 23. 11. 1938, sind die wichtigsten Etappen auf diesem Wege.

Dann mußten die Kompetenzen auf dem Gebiet der autonomen Gesetzgebung und Rechtsprechung angeglichen werden. Am dringlichsten war die Aufhebung des Art. 156 des osmanischen Gesetzes vom 25. 10. 1917, das, wenn auch ohne praktische Wirkung, die konfessionelle Gerichtsbarkeit der Nichtmuslime aufgelöst und alle das statut personnel betreffende Fragen in die Zuständigkeit der niẓamiya-Gerichte verwiesen hatte. Durch Arrêté 1003 vom 7. 12. 1921 wurde der alte Zustand wieder hergestellt. Das hieß jedoch, daß der Umfang an Autonomie sich wieder nach den Rechten bemaß, die der Sultan durch „Berat" dem Oberhaupt einer jeden milla zuerkannt hatte. Deshalb mußte nach der oben[2] angeführten Entscheidung noch im Jahre 1927 der 1898 an den syrisch-katholischen Patriarchen ausgestellte Berat zur Beurteilung seiner Kompetenzen herangezogen werden.

Durch Arrêté Nr. 2547 vom 7. 4. 1924 wurde den Religionsgemeinschaften, nunmehr juristische Personen, erlaubt, Grundbesitz zu erwerben und ihren weltlichen Besitz auf sich umschreiben zu lassen (Art. 1).

Nach der libanesischen Verfassung aus dem Jahre 1926, die in Art. 9 das statut personnel garantierte, stellt das Décret-loi Nr. 6 „Sur l'organisation judiciaire" den nächsten entscheidenden Schritt auf dem Wege zur rechtlichen Gleichstellung dar. Art. 38 ist bereits im Zusammenhang mit der Autonomie der muslimischen Gerichtsbarkeit erwähnt worden[3]. Die vornehmliche Bedeutung des Gesetzes liegt aber darin, daß es durch Art. 35 den Scharī'a-Gerichten die Zuständigkeit für Angehörige christlicher Religionsgemeinschaften entzog[4] und diese an ordentliche Gerichte verwies,

[1] Arrêté Nr. 60/LR, der insbesondere die Religionsgemeinschaften von einer offiziellen Anerkennung abhängig machen wollte, blieb sonst fast wirkungslos (Rondot S. 132f.).

[2] S. 88 Anm. 6.

[3] Siehe oben S. 79.

[4] Da jedoch noch nicht für jedes Rechtsgebiet Zivilrecht erlassen worden war, mußten auch die Zivilrichter weiter die sharī'a anwenden.

sofern es sich nicht um eine in Art. 34 aufgeführte Frage handelte, die dann in die Kompetenz der konfessionellen Gerichte der christlichen Religionsgemeinschaften fiel. Art. 34 stellt einen Katalog der Rechtsgebiete auf, die zum statut personnel gehören. Im Bereich des Waqfrecht werden aufgeführt:

Ziffer 11 — Droit de recevoir les comptes de l'administrateur du wakf et lui en donner décharge dans les deux cas suivants:
a. quand le dévolutaire du wakf au moment de la reddition des comptes est un établissement religieux;
b. quand en vertu de l'acte constitutif du wakf l'administration en a été expressément réservée à l'autorité religieuse.

Ziffer 12 — Droit, dans les deux cas précédents, de prononcer dans les conditions prévues par la loi, la révocation de l'administrateur du wakf et de nommer son remplaçant.

Ziffer 13 — Droit de désigner nommément les bénéficiaires du wakf quand, en vertu de l'acte constitutif, le bénéfice est expressément attribué aux pauvres d'une famille.

Ein Vergleich mit den entsprechenden Befugnissen des Sharī'a-Gerichts gemäß Décret législatif Nr. 241/NI macht deutlich, wie weit man von einer Gleichberechtigung noch entfernt war. An dieser Erkenntnis ändert auch die Tatsache nichts, daß die Institution des waqf ureigenes Gut der Muslime war, das die Christen übernommen hatten. Den Sunniten stand die wohlorganisierte zentrale Waqfverwaltung auch für Aufgaben der Aufsicht zur Verfügung, und zwar gerade bei awqāf mulḥaqa khayriyya, in den Fällen also, in denen die konfessionellen Gerichte hauptsächlich zuständig waren (Ziffer 11a.).

Die unterschiedliche Ausstattung der religiösen Gerichte mit Kompetenzen auf dem Gebiet des Waqfrechts wird noch deutlicher, wenn man die „Loi sur le statut personnel" von 1951 heranzieht, mit der die legislativen Maßnahmen zur Angleichung der Befugnisse abschließen. Dabei muß im Rahmen dieser Arbeit dahingestellt bleiben, ob das aus innenpolitischen Gründen erlassene Gesetz einen Schritt zurück bedeutete, indem es die — wünschenswerte — Säkularisierung des religiösen Rechts weiter verzögerte[1]. Dort heißt es in Art. 7:

[1] Gannagé, Statut Personnel, S. 60f.: Die Gleichberechtigung habe auch durch den Abbau der Kompetenzen der Sharī'a-Gerichte erreicht werden können.

Est de la compétence des juridictions confessionelles compétentes, selon la législation intérieure de la communauté, la constitution d'un wakf de pure bienfaisance et d'un wakf religieux[1], sa mutation, le changement de sa destination et le jugement sur sa validité par rapport au fondateur, sa destitution, son changement et son contrôle, et ce dans les deux cas suivants ou dans l'un d'eux:

1) si le bénéficiaire est une institution religieuse ou de pure bienfaisance;
2) si la gestion du wakf revient en vertu de l'acte de fondation à l'autorité religieuse.

Damit sind den konfessionellen Gerichten der christlichen Religionsgemeinschaften bisher unbekannte Befugnisse eingeräumt worden, die sich von denen des qāḍī nur dadurch unterscheiden, daß der waqf dhurrī im Zuständigkeitsbereich des Zivilrichters geblieben ist.

Art. 33 gibt dann den durch das Gesetz angesprochenen christlichen und der israelitischen communautés auf, der Regierung ihr Recht des Personalstatuts sowie die Prozeßordnung ihrer konfessionellen Gerichte vorzulegen. Als Beispiel für die dann erlassenen Personalstatutsgesetze (qanūn al-aḥwāl al-shakhṣiyya), die durch Sanktion des Staates für die Angehörigen der jeweiligen communauté bindend wurden, sei das der katholischen Gemeinschaften[2] angeführt, soweit es das Waqfrecht betrifft.

In Art. 255 nimmt es die bereits erwähnte Unterscheidung zwischen eigentlichen awqāf und solchen in weiterem Sinne vor. Bei letzteren handelt es sich um alle wohltätigen Einrichtungen und Güter, die der Kirche oder den Geistlichen in ihrer Eigenschaft als Würdenträger der Kirche gehören, seien es Mobilien, Immobilien oder Forderungen (Art. 255 I). Sie haben mit den eigentlichen awqāf außer dem Namen nichts gemein. Selbst die durch die Bezeichnung „waqf" indizierte Eigenschaft des „zum Stillstand gebracht sein", „der Verfügung entzogen sein", ist nicht gegeben, da die Kirchen über dieses Vermögen grundsätzlich frei verfügen können. Die Verwaltung erfolgt nach den Art. 63—69 und 232 bis 301 des päpstlichen Erlasses „Von den Mönchen und den irdischen Gütern der Kirche" vom 9. 2. 1952 (Art. 256 I).

Bei awqāf im eigentlichen Sinne unterscheidet Art. 255 II drei Formen:

---

[1] Der waqf dhurrī wird vor dem Zivilrichter, dem Grundbuchrichter oder einem Notar errichtet.

[2] Dies sind gemäß Art. 1 I die römisch-katholische und die mit ihr unierten Kirchen: die maronitische, melkitische, armenisch und syrisch katholische sowie die chaldäische Kirche.

1. religiöse awqāf, deren Erträge der Geistlichkeit zustehen oder für kirchliche Handlungen, z. B. für die Abhaltung von Messen, zu verwenden sind;
2. wohltätige awqāf zugunsten von Krankenhäusern, Schulen, der Armen etc.;
3. awqāf dhurriyya.

Sie sind juristische Personen und als awqāf khayriyya von ewiger Dauer. Über Errichtung, istibdāl und Verwaltung entscheiden die zuständigen „autorités communautaires", Art. 257. Die testamentarische Errichtung verpflichtet den Testator zu Lebzeiten nicht (Art. 258)! Auch bei der Aufzählung der Formerfordernisse, die bei Errichtung eines waqf gemäß Art. 7 „Loi sur le statut personnel" vom Gericht zu beachten sind, weicht das Gesetz nicht von der Lehre der sharī'a ab (Art. 264). Das Verhandlungsprotokoll muß die Namen der Richter und Urkundsbeamten, den Sitz des Gerichts und das Datum aufnehmen, detaillierte Personalien des Stifters enthalten, die Zeugen aufführen, die Art der Stiftung und die an sie geknüpften Bedingungen und Auflagen beschreiben, ferner den mutawallī nennen und seine Kompetenzen bestimmen. Und das Gericht muß durch Urteil befinden, daß die Stiftung gültig errichtet wurde und nunmehr unwiderruflich sei (gemäß Art. 7: jugement sur sa validité). Es ist wert festzuhalten, daß der von Bousquet[1] totgeglaubte Scheinprozeß nicht nur in den Sharī'agerichten weitergeführt wird, sondern sogar auch den konfessionellen Gerichten der katholischen communautés gesetzlich vorgeschrieben ist. — In weiteren Bestimmungen werden dann die Formalitäten der Registrierung des Urteils behandelt (Art. 266ff.).

Abschließend sei noch die Organisation der konfessionellen Gerichtsbarkeit gestreift. Bei fast allen Gemeinschaften entscheidet in der 1. Instanz der Einzelrichter. Nur die Protestanten besetzen erstinstanzliche Gerichte mit drei, die armenischen Orthodoxen sogar mit sechs Richtern. Das Gericht besteht regelmäßig am Sitze eines Bischofs. Alle Gemeinschaften kennen eine Berufungsinstanz, Maroniten, syrische und armenische Orthodoxe sowie römische Katholiken auch die Revisionsinstanz. Die Berufungsinstanz befindet sich am Sitz des Erzbischofs, die Revisionsinstanz am Sitze des geistlichen Oberhaupts der Kirche. Bei Kompetenzstreitigkeiten der religiösen Gerichte untereinander entscheidet wieder die Chambre Civile der Cour de Cassation[2]. Die vollstreckbaren Entscheidungen werden von den staatlichen Vollstreckungsbehörden ausgeführt, nachdem das im Bereich der zivilen Gerichts-

[1] S. 29.
[2] Siehe oben S. 83.

barkeit eingerichtete Vollstreckungsbüro die Zuständigkeit des erkennenden Gerichts bestätigt hat.

3 *Die Verwaltung christlicher Stiftungen*

Oft hat der wāqif die Verwaltung seiner wohltätigen Stiftung der Kirche anvertraut, sei es den örtlichen Geistlichen, dem Bischof oder dem Erzbischof. Diesen stand dann aber nur die Verwaltung und nicht zugleich auch die Aufsicht zu[1], die vielmehr von zumeist aus Geistlichen und Laien gebildeten Räten ausgeübt wurde. Wenn bei awqāf dhurriyya die Nachkommen des Stifters, denen nach der waqfiyya die Verwaltung vorbehalten gewesen war, ausgestorben sind, muß die Religionsgemeinschaft einen neuen mutawallī bestellen. Es wäre wirtschaftlich zweckmäßig gewesen, gleich den Sunniten zentrale Waqfverwaltungen einzurichten und diese mit der Wahrnehmung aller anfallenden Verwaltungsaufgaben zu betrauen[2]. Bisher hat jedoch nur die griechisch-orthodoxe Religionsgemeinschaft Schritte in dieser Richtung getan. Alle anderen communautés haben, soweit ihnen überhaupt Stiftungen zustehen, es bei der individuellen Verwaltung der Geistlichen belassen oder aber Verwaltungskommissionen eingerichtet.

31

Bei der griechisch-orthodoxen Religionsgemeinschaft lag eine Zentralisierung der Verwaltung insofern auch nahe, als sie im Libanon mit Abstand die reichste ist. Allein im Bereich der Diözese Beirut wird ihr Vermögen auf über 100 Millionen LL geschätzt. Da ihre Vertreter eine Unterscheidung zwischen eigentlichen und uneigentlichen awqāf nur in der Form treffen, daß sie die ersten als Stiftungen mit bestimmten Auflagen ansehen, ist deren Anteil am Gesamtvermögen nicht zu beziffern. Da auch in der Gesamtorganisation der Verwaltung keine Trennung durchgeführt ist, sondern nur im Einzelfall den in der waqfiyya stipulierten Auflagen und dem Charakter der Unveräußerlichkeit Rechnung getragen wird, muß hier ganz allgemein auf Organisation und Verwaltung eingegangen werden.

Die griechisch-orthodoxe Kirche des Libanon gehört zum Patriarchat Antiochien, dem neben libanesischen und syrischen auch nord- und südamerikanische Bistümer unterstehen. Sitz des Patriarchen ist Damaskus. Neben der heiligen Synode, deren Auf-

---

[1] Rapport 1926 S. 115. So bedurfte der verwaltende Bischof zur Aufnahme einer Anleihe zugunsten des waqf vorerst der Zustimmung des von seiner Religionsgemeinschaft eingerichteten Aufsichtsgremiums (CdCass. 14. 5. 1927, 13. 6. 1927 und 12. 6. 1928 in RepJL resp. S. 829, 834f. und 835f.).

[2] Siehe auch oben S. 15.

gabenbereich auf religiöse Angelegenheiten beschränkt ist, besteht ein Gemeindegeneralrat (madjlis millī 'āmm), der aus den Delegierten der Gemeinderäte in den Bistümern zusammengesetzt ist. Auf beiden Ebenen bilden die Gemeinderäte Kommissionen, unter anderen eine für die Waqfverwaltung.

1955 hat der Gemeindegeneralrat ein Gesetz[1] beschlossen, das neue Richtlinien für die Verwaltung der Stiftungen enthält. Danach ist nunmehr der Gemeinderat eines jeden Bistums berechtigt, einen Generalrat der awqāf mit einem Generaldirektor an der Spitze zu bilden. Diese Räte sind für die Koordination der einzelnen awqāf zuständig, damit zwischen ärmeren und reichen Gemeinden ein „Finanzausgleich" vorgenommen und Projekte auf Landesebene durchgeführt werden können. Rechte und Pflichten eines Generalrats für awqāf sind im wesentlichen die folgenden[2]:

1. Detaillierte Erfassung aller awqāf des Bistums[3];
2. Aufstellung der Mietverhältnisse und Generalinventar;
3. Ausarbeitung eines Haushalts für alle awqāf und dessen Vorlage an den Gemeinderat zur Diskussion;
4. Zahlung von Steuern;
5. Entwurf eines Fünfjahresplanes, um eine optimale wirtschaftliche Ausnutzung aller Güter zu gewährleisten;
6. Prüfung der Vorlage des Gemeinderates;
7. Finanzverwaltung und Buchhaltung;
8. Untersuchungen, wie die einzelnen awqāf zu wohltätigen Zwecken im Allgemeininteresse beitragen können.

Zum größten Teil übt der Gemeinderat diese Rechte nicht aus, da der Akzent seiner Tätigkeit auf der Koordinierung der Verwaltung liegt. Die Gemeinden haben ihre Selbständigkeit weitgehend behalten, ihre Verfügungsbefugnisse bei uneigentlichen Stiftungen wurden nicht eingeschränkt. Eine echte Zentralisierung, wie die Sunniten sie kennen und wie sie auch im wohlverstandenen Interesse die vorteilhafteste Form ist, hat also noch nicht erreicht werden können. Bisher hat auch nur das Bistum Beirut von der Möglichkeit Gebrauch gemacht, einen Generalrat für awqāf zu bilden.

---

[1] Qanūn al-adyira wa-l-awqāf (Klöster- und awqāf-Gesetz) vom 18. und 19. 11. 1955.

[2] Nach dem Statut des Generalrats der Diözese Beirut, das wie die Geschäfts- und Verfahrensordnung nur in hektografierter Form vorliegt.

[3] Vorwiegend von politischer Bedeutung ist die Tatsache, daß zum Bistum Beirut eine Reihe von Stiftungen in der UdSSR gehören, deren Einkünfte trotz der nach dem 1. Weltkrieg vorgenommenen Enteignungen nach längerer Unterbrechung nun wieder regelmäßig überwiesen werden. Hier zeigt sich ein weiteres Moment der sowjetischen Annäherung an den Libanon über die griechisch-orthodoxe Kirche.

32

Bei der maronitischen Religionsgemeinschaft (sie ist im Gegensatz zur griechisch-orthodoxen weniger „demokratisiert", da der Klerus den Laien kaum Spielraum zubilligt) besteht die Tendenz, sich aus der Verwaltung der Stiftungen möglichst dann zurückzuziehen, wenn Berührungsmomente mit dem Stifter oder seiner Familie noch möglich sind. Reibungen pflegen nicht nur aufzutreten, wenn der vom Stifter eingesetzte mutawallī eines waqf khayrī mit dem Patriarchat nicht harmonisiert. Sie stellen sich auch dann ein, wenn die Bestimmung des mutawallī dem Patriarchen überlassen wurde, der dann häufig zwischen rivalisierenden Familienmitgliedern wählen muß. In beiden Fällen sind also Mißstimmigkeiten die Regel. Aus diesem Grund ist durch den Codex iuris canonici orientalis von 1952 vorgeschrieben, daß tunlichst für jeden waqf ein Verwaltungskomité aus Mitgliedern der Familie des wāqif und Vertretern des Patriarchats zu bilden ist. Zur Vermeidung von Schwierigkeiten gehen die Bestrebungen weiter dahin, wohltätige Stiftungen in die alleinige Zuständigkeit der Kirche zu überführen und die den Familien zustehenden Verwaltungsrechte abzulösen. Bei awqāf dhurriyya und gemischten awqāf pflegen bei der Ernennung des mutawallī ähnliche Schwierigkeiten aufzutreten. Auch hier drängt deshalb die Kirche darauf, die Stiftung aufzulösen, wozu sie bei gemischten awqāf nach Art. 17 II, Gesetz vom 10. 3. 1947, durch ihren Vertreter berechtigt ist. Gemäß Art. 27 stehen ihr bei awqāf dhurriyya 15%, bei gemischten awqāf $57^{1}/_{2}$% des Wertes zu.

Die Aufsicht über den mutawallī übt eine ständige Synode aus, die aus dem Patriarchen und vier Bischöfen zusammengesetzt ist.

XI. Teil

ZUSAMMENFASSENDE WERTUNG

Die vorliegende Arbeit hatte sich die Aufgabe gestellt, als eine Art Rechtfertigung des waqf, der vielgeschmähten frommen Stiftung des islamischen Rechts, den Nachweis zu ermöglichen, daß diese Institution auch heute noch lebensfähig ist, daß sie zu Recht noch einen wichtigen Platz im wirtschaftlichen und sozialen Gefüge islamischer Staaten einnehmen kann.

Zweifellos war das Bild, das sich nach dem Zusammenbruch des Osmanischen Reiches bot, für den Fortbestand des Stiftungswesens keineswegs ermutigend. Im Besitz der Toten Hand hatte sich der größte Teil des fruchtbaren Bodens und der städtischen Immobilien zusammengeballt. Doch die Häuser waren vernachlässigt und am Boden war seit Jahrhunderten Raubbau betrieben worden. Durch den Ausfall wesentlicher Steuereinnahmen befand sich das Osmanische Reich in ständigen finanziellen Schwierigkeiten, so daß wirtschaftlicher und damit auch politischer Aufschwung unmöglich waren. Da die frommen Stiftungen nicht belastet und nicht zwangsversteigert werden durften, kamen sie als Kreditsicherungsmittel nicht in Betracht und reizten die Schuldner an, sich durch Errichtung eines waqf einer späteren Vermögenshaftung zu entziehen.

Es ist das Verdienst der französischen Mandatsverwaltung im Libanon, daß sie bei den alsbald eingeleiteten Reformen den Kern der Institution nicht angriff, sondern vielmehr durch die Verzahnung des Waqfwesens mit dem modernen europäischen Zivilrecht und durch Anpassung des im Rechtsdogmatischen erstarrten waqf an wirtschaftlichen Gegebenheiten und Forderungen eine „Renaissance“[1], nüchterner eine Gesundung der Stiftungen herbeiführte. Die gesetzgeberischen Maßnahmen setzten vor allem dort ein, wo die skizzierten wirtschaftlichen Übelstände dringende Abhilfe verlangt hatten. Durch Tausch wurde der Landwirtschaft ungenutzter Boden zugeführt, konnte Kapital, das in verfallenen Häusern brach lag, neue Verwendung finden. Berechtigte aus langfristigen Miet- und Pachtverträgen, die an ihrem Besitz bereits eine eigentümerähnliche Stellung innehatten, konnten die mit ihren quasidinglichen Rechten belasteten Waqfimmobilien kaufen und damit an diesen echtes wirtschaftliches Interesse gewinnen, während der Kauferlös dem Erwerb eines anderen Grundstücks oder Reparaturzwecken diente. So konnten auch größere Projekte in Angriff genommen werden. Der Code de la Propriété führte den konstitutiven Charakter der Eintragung des waqf ins Grundbuch ein: nunmehr waren Gläubiger eines insolventen Stifters geschützt, wenn ihre grundbuchlich gesicherten Titel der Eintragung des waqf vorgingen. Gläubiger konnten sogar dann, wenn ihre Forderungen rechtskräftig festgestellt waren, die Aufhebung eines sie schädigenden waqf in dem Maße verlangen, als es zu ihrer Befriedigung erforderlich war.

Es waren auch vornehmlich wirtschaftliche Gesichtspunkte, die die Diskussion über die Familienstiftungen bestimmten. Wenn hier bisher zwischen wohltätigen und Familienstiftungen nicht unterschieden wurde, so eben deshalb, weil beide Formen dieselben wirtschaftlichen Schäden zur Folge haben: Ausschaltung eines bedeutenden Teiles des Grundbesitzes aus dem freien Güterverkehr, niedrige Produktivität der waqfierten Grundstücke, Raubbau am Boden. Zwar tritt bei den Familienstiftungen als weiterer Nachteil hinzu, daß der wachsenden Zahl der Begünstigten eine

[1] Rapport 1926 S. 116.

starke Abnahme ihrer Quoten entspricht, daß daher eine möglicherweise geplante Versorgung von Familienangehörigen regelmäßig nach wenigen Generationenfolgen unterbleibt. Doch nicht so sehr dieser Gesichtspunkt als vielmehr die oft mit der Errichtung einer Familienstiftung beabsichtigte Umgehung des qur'anischen Erbrechts hatte den libanesischen Gesetzgeber 1947 bewogen, in Anlehnung an das ägyptische Beispiel die Errichtung eines waqf dhurrī auf zwei Generationen zu beschränken und weiter eine Harmonisierung von Erbrecht und Waqfrecht vorzunehmen. Der Waqf dhurrī ist stets die schwächste Stelle des Waqfwesens gewesen und bereits 1926 hatte er auf Drängen der französischen Mandatsverwaltung abgeschafft werden sollen. Schwächste, weil angreifbarste Stelle: Familien begaben sich, um interne Vermögensauseinandersetzungen vorzunehmen, in den Schutz einer sakrosankten Institution, von der sie lediglich profitierten, ohne zugleich einen fühlbaren Zoll zu entrichten. Doch hat sich auch dieses geändert. Die Begünstigten aus einem waqf dhurrī müssen bei Erwerb ihres Rechts zwischen 1 und 48% Steuer zahlen, und bei Beendigung und Teilung des waqf sind die Rechte der Endbegünstigten, d. h. der frommen oder wohltätigen Einrichtungen, durch Zuteilung von 15% des Stiftungswertes abzugelten. Bei allen Vorhaltungen, die dem waqf dhurrī also gemacht werden konnten und die in sehr viel begrenzterem Umfang auch heute noch begründet sind, ist aber nicht außer Acht zu lassen, daß seine starke Verbreitung über alle durchsichtigen Vorteile hinaus einem echten sozialen Bedürfnis entsprochen hatte. Schließlich hat sich das Institut der Familienstiftung nicht nur im Herrschaftsbereich des islamischen Rechts gebildet. In Deutschland sind die Familienstiftungen im Strudel der sozialen Neuordnung untergegangen. Hingegen im Libanon und in benachbarten Staaten, wohl weniger in den großen Städten als vielmehr auf dem Lande, entspricht der waqf dhurrī auch heute noch, trotz oder wahrscheinlich sogar wegen der Beschränkung auf zwei Generationen, eben denselben Bedürfnissen.

Schließlich hat die vorbildlich arbeitende sunnitische Zentralverwaltung der awqāf bewiesen, welche bedeutenden Aufgaben mit Hilfe einer wirksam verwalteten großen Vermögensmasse wahrgenommen werden können. Es ist zuzugeben, daß der Akzent hier vor allem auf Vermögensmasse und weniger auf dem religiösen Gehalt des waqf mit den daraus folgenden rechtlichen Konsequenzen liegt. Auch in Europa kennen die Kirchen vergleichbare Ansammlungen von Grundbesitz, ohne daß diesem die Fesseln der Nichtveräußerbarkeit angelegt worden wäre. Bei der Praxis im Osmanischen Reich kann aber kein Zweifel bestehen, daß ohne die engen rechtlichen Bindungen, selbst wenn sie häufig genug zum persönlichen Vorteil der Aufseher und Verwalter gelöst wurden, vom damaligen Besitz heute nur wenig übrig geblieben wäre. Während die „christlichen" Kirchen eine feste Organisation, eine strenge hierarchische Ordnung und einen eigenen, umfangreichen Verwaltungsapparat kennen, ist all dieses im Islam nicht gegeben. Niemand zöge einen ungetreuen Geistlichen zur Rechenschaft, wenn er eine Stiftung — die ja nicht „Kirchen"gut ist, nicht der Gesamtheit der organisierten Gläubigen gehört — zum eigenen Vorteil veruntreute. Die Kirchen, die sich im Libanon des waqf bedienen, benötigen deshalb eine zentrale Waqfverwaltung nicht, und wenn sie eine solche dennoch anstreben, wie es die griechisch-orthodoxe Kirche tut, so geht es dabei allein um wirtschaftliche Gesichtspunkte. Das Prinzip der Unveräußerbarkeit hat sich also durchaus als vorteilhaft erwiesen. In der abgeschwächten Form, das es im Libanon seit 1919 erhalten hat, wird es sich auch in Zukunft bewähren.

Anhang Nr. 1

LOI DU 10 MARS 1947 SUR LES WAKFS ZURRI

Übersetzung aus dem Arabischen des Bulletin de Législation Libanaise, No. 20/1955, Seite 22ff.

NATURE DU WAKF:

ARTICLE PREMIER. — Le Wakf peut être Khairi ou Zurri. Il est khairi s'il est constitué dès sa naissance dans un but de bienfaisance tels que les wakfs à l'usage des lieux du culte, d'hôpitaux, d'asiles ou des pauvres.

Il est Zurri si le constituant l'a institué a son profit et au profit de sa génération ou de n'importe quelle autre personne qu'il a voulu privilégier, en lui donnant pour la suite une destination de bienfaisance.

ARTICLE 2. — Le wakf peut être mixte, c'est à dire, en partie Khairi et en partie Zurri, tel le cas où le constituant stipule que les revenus du wakf serviront d'abord au paiement des sommes et fruits dont le montant a été fixé par lui après quoi l'excédent reviendra aux bénéficiaires suivant les clauses de la wakfieh.

ARTICLE 3. — Seront soumis aux dispositions de la présente loi, les wakfs purement Zurri et les wakfs mixtes; quant aux wakfs zurri concernant les établissements religieux et les institutions de bienfaisance, ils seront soumis aux dispositions chériés, aux lois particulières qui les régissent ainsi qu'aux décisions du Conseil supérieur des Wakfs complétant ou modifiant le cas échéant certains articles des susdites dispositions législatives.

Le wakf khairi comprend les wakfs mazboutas et les wakfs mulhaka dont la gestion est assurée par l'administration générale des Wakfs.

CONSTITUTION DU WAKF:

ARTICLE 4. — Les règles concernant la constitution, la validité, la destination, le partage, la location et l'istibdal des wakfs khairi sont celles établies par les lois et arrêtés y relatifs.

ARTICLE 5. — La constitution d'un wakf zurri, son partage et son extinction seront soumis dorénavant aux dispositions de la présente loi, sous réserve des lois et arrêtés concernant le registre foncier.

ARTICLE 6. — Il est interdit aux cadis chériés de recevoir à l'avenir une déclaration tendant à la constitution d'un wakf zurri, s'il comporte des dispositions contraires aux prescriptions de la présente loi.

Tout wakf zurri qui sera constitué contrairement aux dispositions de la présente loi sera nul, tant à l'égard du constituant que de sa descendance et des tiers.

ARTICLE 7. — Le constituant d'un wakf zurri peut le rétracter en tout ou en partie; il peut aussi en modifier les clauses et conditions, à la condition que ce changement ne heurte pas les dispositions de la présente loi.

ARTICLE 8. — Un wakf zurri ne peut jamais être constitué à perpétuité; il ne peut être constitué qu'en faveur de deux générations (ordre) au maximum.

Si les bénéficiaires sont nommément désignés par le constituant, ils représentent une seule génération; sinon chaque degré en représente une.

ARTICLE 9. — Le constituant ne compte pas pour le calcul des générations.

ARTICLE 10. — Le wakf zurri s'éteint par l'extinction d'une génération ou de deux générations. Les biens faisant l'objet du wakf reviennent au constituant, s'il est encore en vie ou à ses héritiers de la première ou de la seconde génération suivant le cas, s'il est décédé.

ARTICLE 11. — Si le constituant ne laisse pas d'héritiers, les biens wakfs reviennent à l'administration générale des wakfs à moins que, dans la wakfieh, ne soit indiqué une destination de bienfaisance perpétuelle.

ARTICLE 12. — Si le wakf est soumis à une condition nulle, le wakf sera reputé valable et la condition nulle.

ARTICLE 13. — Est nulle toute clause qui restreint la liberté des bénéficiaires de contracter mariage, de résider là où ils le désirent et d'emprunter, même pour un intérêt non sérieux.

ARTICLE 14. — Le constituant peut insérer dans la wakfiyeh, les dix conditions admises par le charieh à son profit ou au profit de qui que ce soit dans les limites de la présente loi.

IMMEUBLES ET MEUBLES POUVANT ETRE CONSTITUES EN WAKF:

ARTICLE 15. — Peuvent être constitués en wakf, les immeubles et les meubles, ainsi que les parts et actions des sociétés ayant un objet licite.

ARTICLE 16. — Il est interdit de constituer en wakf une quote part dans un immeuble indivis si le bien est impartageable, sauf si les parties indivises étaient déjà elles-mêmes constituées en wakf et lorsque la fraction à immobiliser doit l'être au profit des mêmes bénéficiaires.

PARTAGE DES BIENS WAKFS:

ARTICLE 17. — Le partage du wakf zurri ou du wakf mixte peut s'effectuer à la requête des bénéficiaires ou de l'un d'eux, à condition que le bien soit partageable et que le partage n'entraîne pas un préjudice certain.

Si le wakf est mixte, il appartient au metwalli de la quotepart khairi de demander le partage au même titre que les bénéficiaires.

ARTICLE 18. — La part revenant à chaque bénéficiaire sera fixé en base de la wakfiyeh ou des usages établis ou de la décision du juge.

ARTICLE 19. — Si le constituant stipule que les produits du wakf iront à certains bénéficiaires, les autres n'ayant droit qu'à un montant en numéraire, il y a lieu de partager les produits entre les bénéficiaires du wakf et ceux des parts en numéraire sur la base de la valeur des produits à l'époque du wakf, si cette valeur est déterminable, étant entendu que les parts en numéraire ne doivent pas excéder le montant stipulé par le constituant.

Si les produits du wakf au jour de sa constitution ne sont pas déterminables, ils doivent être partagés entre les bénéficiaires des parts en nature et ceux des parts en numéraire de telle sorte que les premiers acquièrent les produits, et les autres une part représentant la contre-partie de leurs droits. Mais si parmi les bénéficiaires, certains ont une quote-part (fraction) des produits et les autres une part en argent, les produits seront partagés entre eux en commençant par les bénéficiaires des parts en nature, après quoi les sommes qui échoient aux bénéficiaires des parts en argent leur seront remises sur l'excédent des produits au prorata de leurs droits.

Les parts en numéraire sont réductibles, en proportion du déficit dans les produits.

ARTICLE 20. — Si, parmi les bénéficiaires, certains ont un droit en nature et d'autres une certaine somme d'argent déterminée ou déterminable, le tribunal, au cas où le partage est demandé, procèdera à la détermination d'un lot dont les revenus pourront assurer le paiement de ceux qui ont une quote-part en argent, l'estimation étant effectuée en base de l'article précédent sur la moyenne des produits du wakf pendant les cinq dernières années.

ARTICLE 21. — Le titulaire d'un droit de tassarouf grevant un immeuble wakf en vertu d'idjaratein ou de la moukataa peut demander l'acquisition de la nue-propriété de cet immeuble contre paiement d'un montant équivalent à trente années du montant du loyer annuel.

ARTICLE 22. — Seront soumis à l'istibdal forcé, les biens-fonds wakfs grevés d'un droit de tassarouf au profit des tiers en vertu de l'idjara tawilé; que ces biens-fonds fassent partie des wakfs madbouta ou mulhaka ou mustasnat et à quelque catégorie qu'ils appartiennent.

ARTICLE 23. — En cas d'istibdal des immeubles faisant l'objet d'un droit de tassarouf au profit des tiers, seront applicables les dispositions de l'Arrêté No 80 du 29 Janvier 1926, de la décision No 3 du 22 Décembre 1930, approuvée par l'Arrêté No 156 du 16 Décembre 1931 et des Arrêtés ultérieurs.

ARTICLE 24. — Les dispositions relatives au partage recevront application à l'égard des droits d'idjaratein ou d'idjara tawilé (moukataa) et des droits réels nés des autres baux enregistrés au registre foncier.

ARTICLE 25. — Le hokr est interdit. S'il apparaît nécessaire de grever un immeuble wakf d'idjaratein ou de moukataa, cet immeuble fera l'objet d'istibdal conformément aux dispositions chériés en vigeur.

ARTICLE 26. — Sont définitivement acquises les opérations de partage portant sur des immeubles wakfs zurri, accomplies conformément aux chérié, lois et dispositions en vigeur avant la publication de la présente loi.

Aucune action en annulation du partage opérée conformément aux dispositions qui précèdent n'est recevable de la part d'un bénéficiaire dont le droit est né postérieurement au partage.

ARTICLE 27. — Lors du partage du wakf exclusivement zurri, il sera prélevé une quote-part de 15% au titre des oeuvres de bienfaisance stipulées dans la wakfiyeh, ces oeuvres qui sont la condition de la validité du wakf. Cette quote-part sera remise à l'administration locale des wakfs pour servir aux oeuvres générales de bienfaisance.

ARTICLE 28. — Le partage s'effectue suivant la procédure prévue par la loi sur le partage des bien immeubles.

ARTICLE 29. — Une fois le partage effectué par le tribunal compétent, conformément aux dispositions de l'article précédent, le bénéficiaire d'une part lotie devient metwalli de sa part s'il remplit les conditions nécessaires pour être metwalli et sans égard aux conditions stipulées par le constituant de ce chef.

ARTICLE 30. — Il incombe au tribunal chérié de révoquer le metwalli du wakf s'il n'est au nombre des bénéficiaires et de le remplacer par un de ceux-ci.

ARTICLE 31. — Le tribunal chérié peut toujours au cours d'une instance quelle qu'elle soit, relative au wakf, révoquer le metwalli, s'il estime que son maintien est nuisible au wakf ou aux bénéficiaires. Il appartient aussi au tribunal saisi d'une action en révocation de nommer un metwalli provisoire, en attendant qu'une décision définitive ait été rendue sur le fond.

LIQUIDATION AU WAKF:

ARTICLE 32. — Le wakf prend fin par la ruine des immeubles lorsque leur reconstruction ou leur istibdal ne peut se faire de manière à assurer aux bénéficiaires, une quote-part non infime des revenus.

ARTICLE 33. — Lorsque les revenus sont réduits à une chiffre dérisoire, le wakf prend fin et les biens qui en font l'objet deviennent la propriété des bénéficiaires ou du constituant s'il est encore en vie[1].

ARTICLE 34. — L'extinction du wakf sera prononcé par le tribunal civil compétent, à la requête de l'un des bénéficiaires et la décision qui déclare le wakf éteint doit ordonner que soit prélevé le pourcentage prévu à l'article 27 de la présente loi[2].

ARTICLE 35. — Si le wakf s'est éteint alors que la descendance du constituant est elle-même éteinte, les bien reviendront à l'administration locale des wakfs khairi.

DES BENEFICIAIRES:

ARTICLE 36. — Il est permis de constituer en wakf, au profit de n'importe qui, tous ses biens, si on ne laisse pas, à son décès, des descendants, des conjoints, un père ou une mère.

---

[1] Art. 33 wurde abgeändert durch Gesetz vom 25. 1. 1951:
Wenn der waqf durch öffentliche Versteigerung aufgelöst werden soll und es unmöglich ist, alle Begünstigten vom Versteigerungsverfahren zu benachrichtigen, weil sie zu zahlreich, abwesend, ohne bekannte Adresse oder aus einem anderen Grund nicht erreichbar sind, so ist es Aufgabe des Gerichts, die Versteigerung im Staatsanzeiger und zwei Tageszeitungen bekannt zu machen und am Versteigerungsort und an der Gerichtstür anzuschlagen.

[2] Art. 34 wurde abgeändert durch Gesetz vom 9. 11. 1951:
Ein reiner waqf dhurrī wird auf Verlangen eines Begünstigten liquidiert. Der in Art. 27 festgesetzte Anteil für wohltätige Zwecke wird einbehalten. Ein waqf, dem wohltätige Leistungen, ständige, der Höhe nach festgesetzte Zahlungen oder bestimmte Aufgaben auferlegt sind, wird auf Verlangen eines Begünstigten oder einer wohltätigen Einrichtung liquidiert. Für diese Einrichtung behält das Gericht den Anteil ein, den es gemäß Art. 20 dieses Gesetzes entsprechend dem Wert der jährlichen Erträge oder Zahlungen festsetzt. Bei gemischten awqāf liquidiert das Gericht auf Verlangen der religiösen oder wohltätigen Einrichtung und der Begünstigten

1) Rechte der religiösen Einrichtungen, die auf dem waqf dhurrī liegen, wie das der Verwaltung, sowie Leistungen zugunsten von Lebenden und Toten;
2) Rechte der Begünstigten am waqf khayrī.

Das Gericht setzt den Wert des Rechts fest und erläutert die Zahlungsmöglichkeiten, damit der waqf frei wird. Das Gericht kann einen Vertreter der Religionsgemeinschaft hinzuziehen.

ARTICLE 37. — Il est permis de constituer en wakf en faveur d'héritiers ou de toutes autres personnes ou d'une oeuvre de bienfaisance, une part ne dépassant le tiers de la fortune du constituant, évaluée au jour du décès.

ARTICLE 38. — Les descendants qui sont les successibles du constituant, son conjoint, ses père et mère en vie au moment du décès, doivent avoir dans les deux tiers restants des bien wakfs, une part égale à celle qui leur reviendrait d'après les lois successorales.

L'un ou l'autre de ces héritiers ne saurait être privé de tout ou partie de sa quote-part légale, que pour les raisons suivantes:

1) s'il a donné la mort au constituant de telle sorte qu'il l'ait légalement ex-hérédé.
2) que l'époux de la constituante se remarie ou répudie sa femme en contravention de la défense qui lui en est faite dans la wakfiyeh.
3) si le constituant a des raisons impérieuses d'exclure son héritier. Ces raisons sont soumises à l'appréciation du tribunal.

ARTICLE 39. — Le constituant peut stipuler dans la wakfiyeh, au profit des descendants de ses enfants prédécédés, une part égale à celle qui reviendrait à leur père s'il était encore vivant.

ARTICLE 40. — Si les bénéficiaires d'un wakf zurri sont établis par ordre (génération), l'ascendant n'exclut pas les descendants d'un autre descendant et la part revenant ou devant revenir à un prédécédé est dévolue à ses descendants.

Si un bénéficiaire décède sans laisser de descendants pour recueillir sa part, celle-ci tombera dans les produits du wakf dont il est bénéficiaire. Et s'il n'existe aucun héritier dans son ordre, sa part reviendra à l'ordre suivant, mais elle retombe de nouveau dans le premier ordre au cas où un héritier dans cet ordre apparaît.

Si les droits d'un ordre sont annulés, ces droits reviendront à l'ordre suivant.

REDDITION DE COMPTES ET RESPONSABILITE DU METWALLI

ARTICLE 41. — Le metwalli est considéré comme le dépositaire des biens du wakf et le mandataire des bénéficiaires mais les dépenses qu'il prétendrait avoir faites ne peuvent être prouvées que par un écrit.

ARTICLE 42. — Le metwalli est responsable de sa faute lourde relativement aux immeubles du wakf et à leurs fruits. Il répond de sa faute légère s'il est rétribué.

ARTICLE 43. — Si le metwalli chargé de rendre compte ne s'exécute pas dans le délai qui lui est imparti par le juge ou s'il n'exécute pas la décision du cadi chérié lui enjoignant de produire des pièces à l'appui de ses comptes il pourra être condamné à une astreinte n'excédant pas dix livres libanaises par jour de retard et ce, sans préjudice de la sanction prévue par l'article 31 précité.

ARTICLE 44. — Le jugement rendu par application des dispositions de l'article précédent n'est susceptible d'aucune voie de recours, cependant le juge qui l'a prononcé peut la rétracter si le metwalli présente des excuses reconnues valables.

ARTICLE 45. — Les disposition de la présente loi s'appliquent à tous les wakfs zurri chrétiens et israélites se trouvant sur le territoire libanais.

Un décret paraîtra portant composition d'un tribunal spécial[1] qui comprendra un président ayant rang de conseiller à la cour d'appel et deux membres dont l'un doit appartenir à la communauté intéressé et l'autre être pris parmi les bénéficiaires des wakfs. Ce tribunal remplacera le cadi chérié ou l'administration des wakfs dans les attributions qui leur sont reconnues en vertu de la dite loi.

Le tribunal susvisé doit, au cas où il ordonne la liquidation du wakf, se conformer aux dispositions de la wakfiyeh et des lois de la communauté intéressée.

Les jugements du tribunal spécial sont susceptibles d'opposition. L'acte d'opposition devra être porté devant ce même tribunal dans un délai de trois mois à partir de la publication du jugement dans le Journal Officiel et dans un journal quotidien. Aucune autre voie de recours n'est ouverte contre ces jugements.

Le bureau exécutif exécutera les jugements rendus par le tribunal spécial.

ARTICLE 46. — Seront abrogées toutes les dispositions contraires ou inconciliables avec la présente loi laquelle publiée au Journal Officiel.

---

[1] Décret législatif Nr. 10264 vom 22. 10. 1947 über die Errichtung eines Sondergerichts für die Liquidierung von awqāf.

Anhang Nr. 2

Gesetzesverordnung Nr. 18 vom 13. Januar 1955

DAS AMT DES MUFTI UND DIE ISLAMISCHEN AWQAF

(al-iftā' wa-l-awqāf al-islāmiyya)

Eigene, auszugsweise Übersetzung aus dem Arabischen

Gliederung:

Die Unabhängigkeit der Gemeinschaft in ihren religiösen Angelegenheiten
Art. 1

Der geistliche Führer der Gemeinschaft und seine Aufgaben
Art. 2—4

Die Wahl des Muftī der Republik
Art. 5—7

Der islamische Wahlrat
Art. 8—9

Die gesetzlichen Gültigkeitsvoraussetzungen der Wahl
Art. 10—11

Das Wahlverfahren
Art. 12—17

Die Anfechtung der Wahl
Art. 18—19

Die Veröffentlichung des Wahlergebnisses und die Ernennung des Muftī der Republik
Art. 20—23

Die Mitarbeiter des Muftī der Republik
Art. 24—27

Die örtlichen Muftī
Art. 28—36

Die gewählten Awqāf-Räte
Art. 37

Der Hohe Shar'ī-Rat
Art. 38—39

Seine Zusammensetzung
Art. 40—42

Seine Amtszeit[1]
Art. 44—46

Die Gründe seines Zusammentritts
Art. 47—56

Die Verwaltungsräte
Art. 57—65

Die Gründe ihres Zusammentritts
Art. 66—71

Der Waqfdirektor
Art. 72—78

Die örtlichen Waqfleiter
Art. 79—80

Übergangsbestimmungen
Art. 81—86

DIE UNABHÄNGIGKEIT DER GEMEINSCHAFT IN IHREN RELIGIÖSEN ANGELEGENHEITEN

ARTIKEL 1. — Die sunnitisch-islamische Gemeinschaft, unabhängig in ihren religiösen Angelegenheiten und hinsichtlich ihrer awqāf khairiyya, besorgt deren Organisation und Verwaltung selbst im Einklang mit der erhabenen sharī'a, den aus ihr hergeleiteten Gesetzen und Verordnungen[2], und zwar durch Vertreter aus dem Kreise derer, die über die dafür erforderliche Eignung verfügen und zu den ahl al-ra'y[3] der Gemeinschaft gehören. Sie wählt diese auf dem in den folgenden Artikeln bezeichneten Wege. Die Vertreter werden in den oben erwähnten Angelegenheiten im Namen der Gemeinschaft handeln und für sie sprechen.

DER GEISTLICHE FÜHRER DER GEMEINSCHAFT UND SEINE AUFGABEN

ARTIKEL 2. — Der geistliche Führer der Gemeinschaft und in dieser Eigenschaft ihr Vertreter gegenüber der öffentlichen Gewalt ist der Muftī der Republik, dem ohne weiteres und ausnahmslos die Ehrerbietung, Rechte und Privilegien zukommen, die die übrigen geistlichen Führer genießen.

---

[1] Art. 43 fehlt im Text der Verordnung.
[2] Niẓām.
[3] Im islamischen Recht die zur Entscheidung nach eigenem Gutdünken, also nicht aufgrund von Qur'ān und Sunna, Berufenen.

ARTIKEL 3. — Der Muftī der Republik ist der unmittelbare Vorgesetzte aller sunnitisch-muslimischen Geistlichen und die höchste Autorität in Angelegenheiten der islamischen awqāf. Er übt alle Befugnisse aus, die ihm in den waqfrechtlichen Gesetzen und Verordnungen sowie durch die sharī'a eingeräumt worden sind.

ARTIKEL 4. — Die Vereinigung des Amts des Muftī der Republik mit einer anderen abhängigen oder unabhängigen beruflichen Tätigkeit ist unzulässig, es sei denn, daß es sich um ein den geistlichen Führern vorbehaltenes öffentliches Amt oder Ehrenamt handelt. Die Annahme des Amts des Muftī der Republik bedeutet automatisch den endgültigen Rechtsverzicht auf jedwede vorhergehende berufliche Tätigkeit.

DIE MITARBEITER DES MUFTI DER REPUBLIK

ARTIKEL 24[1]. — Dem Muftī der Republik stehen besondere Beamte und gewählte Räte zur Seite. Die Beamten sind der amīn al-fatwā[2], der amīn al-sirr al-khāṣṣ[3], der Direktor der awqāf und der mufattish al-awqāf[4].

Den Direktor der awqāf ernennt der Hohe Islamische Shar'ī-Rat durch mit Stimmenmehrheit gefaßten Beschluß auf Empfehlung der Ständigen Kommission. Er teilt den Ernennungsbeschluß dem Muftī der Republik mit, der ihn ausführt, sofern er nicht von seinem Recht gemäß Art. 52 Gebrauch macht, eine nochmalige Prüfung zu verlangen.

ARTIKEL 25. — ... Der Generaldirektor der awqāf[5] muß Inhaber höherer Diplome wie der des juristischen Staatsexamens oder des Doktors der Rechte sein und Kenntnisse in Waqfangelegenheiten haben.

ARTIKEL 27. — ... Unter der Aufsicht des Hohen Shar'ī-Rates und unterstützt von den Verwaltungsräten in der Hauptstadt und den muḥāfaẓāt[6] ist der Direktor der awqāf mit der Leitung der Waqfverwaltung gemäß den für sie geltenden Gesetzen und Verordnungen beauftragt.

---

[1] In der Form des Beschlusses des Hohen Shar'ī-Rates vom 4. 10. 1956 in madjmū'a qawānīn vom 16. 7. 1959, S. 3f.

[2] Sekretär in religiösen Angelegenheiten.

[3] Privatsekretär.

[4] Inspekteur der awqāf. Dieses Amt, durch den Beschluß vom 4. 10. 1956 eingeführt, ist niemals besetzt und bereits wieder abgeschafft worden, allerdings ohne eine entsprechende Änderung der Verordnung.

[5] Mudīr al-awqāf al-'āmm. Die alternierende Verwendung der Bezeichnungen „Direktor" oder „Generaldirektor" ist ohne Bedeutung und nur auf die nicht fehlerfreie Abfassung der Verordnung zurückzuführen.

[6] Verwaltungsdistrikte. Es gibt im Libanon 5 muḥāfaẓāt: Stadt Beirut, Nordlibanon, Südlibanon, Berg Libanon und Biqā'.

ARTIKEL 28. — In jeder muḥāfaẓa der Provinz[1], die von zahlreichen Muslims bewohnt wird, ist ein örtlicher Muftī tätig, der unmittelbar dem Muftī der Republik untersteht.

DIE GEWÄHLTEN AWQAF-RÄTE

ARTIKEL 37. — Die gewählten Räte sind Verwaltungsräte, die in der Hauptstadt und in den Hauptorten der muḥāfaẓāt bestehen. Der Hohe Shar'ī-Rat überwacht ihre Tätigkeit und urteilt in den Berufungen gegen ihre Beschlüsse.

DER HOHE SHAR'I-RAT

ARTIKEL 38. — Der Hohe Shar'ī-Rat unterstützt den Muftī der Republik bei einigen der ihm anvertrauten Obliegenheiten. Der Rat besitzt insbesondere die Befugnis, Verordnungen, Beschlüsse und Richtlinien zu erlassen, die für die Organisation der Angelegenheiten der Gemeinschaft und für die Verwaltung aller ihrer awqāf khayriyya, ohne Unterschied der Arten, Zwecke und Beziehungen, erforderlich sind, um so die Wahrung ihrer Substanz, eine vorteilhafte Ausnutzung und die Berücksichtigung der ihnen auferlegten wohltätigen Leistungen zu gewährleisten. Gleichfalls ist er befugt, die Verordnungen und Beschlüsse in den oben genannten Angelegenheiten zu kommentieren.

ARTIKEL 39[2]. — Zusätzlich zu den im vorangegangenen Artikel aufgeführten Angelegenheiten hat der Hohe Shar'ī-Rat die folgenden Aufgaben:

1. Die sorgfältige Überprüfung, Berichtigung und Genehmigung der Haushalte der awqāf in der Hauptstadt und in der Provinz;
2. Die Erteilung der Erlaubnis zum Bestreiten von Verwaltungskosten auf der Grundlage der Zwölfer-Regel[3] bei verspäteter Genehmigung der oben genannten Haushalte;
3. Der Vorschlag zur Ernennung des amīn al-fatwā, des amīn al-sirr al-khāṣṣ und des Direktors der awqāf, die Empfehlungen zur Ernennung der awqāf-Leiter in der Provinz und der übrigen Beamten, Vorschlag und Empfehlung ihrer Beförderung und Versetzung sowie Ergreifen disziplinarischer Maßnahmen. Entscheidungen hinsichtlich der drei Erstgenannten werden jedoch von der höchsten islamischen Persönlichkeit

---

[1] Mulḥaqāt, die Bezeichnung für das gesamte Gebiet des Landes ohne die Hauptstadt.

[2] Ziffer 4e wurde neugefaßt durch Beschluß des Hohen Islamischen Shar'ī-Rates vom 2. 6. 1959; madjmū'a qawānīn vom 16. 7. 1959, S. 4f.

[3] Pro Monat wird jeweils ein Zwölftel der Gesamthöhe des vorjährigen Budgets bewilligt.

in der Regierung und bezüglich der awqāf-Leiter und der anderen Beamten vom Muftī der Republik entsprechend der ergangenen Empfehlung und gemäß ihrem Wortlaut getroffen;

4. Die Genehmigung der Beschlüsse der Verwaltungsräte, betreffend
   a. die Übertragung der (ergänzt: durch die waqfiyya) ausbedungenen persönlichen Dienste[1];
   b. Istibdāl von waqfierten Immobilien und Entscheid über die Bedingungen zur Verwendung der daraus stammenden Geldmittel;
   c. Klassifizierung der Stellen im religiösen Dienst und in der Verwaltung, die Festsetzung ihres Ranges und ihrer Bezüge;
   d. . . .
   e. [2]Überprüfung und Kontrolle der Tätigkeit der Generaldirektion in der Hauptstadt und der Awqāfdirektionen und ihrer Verwaltungsräte in den muḥāfaẓāt durch delegierte Mitglieder des Rates. Die Überprüfung wird bei Bedarf, wenigstens aber einmal im Jahr durchgeführt. Wenn sich Grund für eine Strafverfolgung ergibt, kann der Hohe Shar'ī-Rat den Täter der Disziplinar-Kommission zuführen. Diese besteht aus fünf seiner Mitglieder und drei weiteren, ersatzweise benannten Mitgliedern, um bei Schwierigkeiten die Bildung der Kommission gewährleisten zu können. Die Mitglieder werden jedes Jahr beim ersten Zusammentreten des Rates gewählt.
   Eine Mitteilung über die Art der getroffenen Maßnahmen an die jeweilige Dienststelle ist erforderlich;
   f. Prüfung der gegen die Entscheidungen des Generaldirektors eingelegten Berufungen, soweit diese disziplinarische Maßnahmen enthalten;
5. Urteile in den Berufungen gegen die Beschlüsse der Verwaltungsräte;
6. Prüfung aller Fragen, die ihm der Muftī der Republik von sich aus oder auf Ersuchen einer der Awqāfbehörden oder eines ihrer Verwaltungsräte überträgt;
7. Entscheidung in allen Angelegenheiten, Fragen und Problemen, die sich aus der Verwaltung der islamischen awqāf und aus der Führung ihrer Geschäfte ergeben. Infolge dieser

[1] Tawdjīh al-djiḥāt al-mashrūṭa.

[2] Diese und die folgende Unterteilung „f." sind fälschlich der Ziffer 4 untergeordnet worden, da sie nicht mehr den Inhalt von Beschlüssen der Verwaltungsräte zum Gegenstand haben. Sie hätten als fortlaufende Ziffern 5 und 6 aufgeführt werden müssen.

Zuständigkeit ist der Hohe Shar'ī-Rat die höchste Autorität für alle Waqfbehörden und ihre Beamten.

SEINE ZUSAMMENSETZUNG

ARTIKEL 40. — Der Hohe Rat besteht aus Präsidentem, Vizepräsidentem, gesetzlichen und gewählten Mitgliedern.

ARTIKEL 41. — Präsident des Rates ist der Muftī der Republik. Den Vizepräsidenten wählt der Rat aus dem Kreise seiner gesetzlichen Mitglieder in geheimer Abstimmung mit Stimmenmehrheit.

ARTIKEL 42. — Die gesetzlichen Mitglieder des Rates sind

1. die ehemaligen sunnitisch-muslimischen Minister- und Parlamentspräsidenten;
2. sechs Richter der ersten und zweiten Rangstufe;
3. der Präsident des Hohen Shar'iyya-Gerichts;
4. die qāḍī von Beirut und den Hauptorten der muḥāfaẓāt.

Von den gewählten Mitgliedern kommen je sechs aus den muḥāfaẓāt Beirut und Nordlibanon, drei aus Südlibanon und je ein Mitglied aus den muḥāfaẓāt Berg Libanon und Biqā'. Die Vertreter der muḥafaẓāt werden durch die Ausschüsse gewählt, die mit der Wahl der örtlichen muftī betraut sind.

SEINE AMTSZEIT

ARTIKEL 44[1]: — Die Amtszeit des Hohen Shar'ī-Rates beträgt 5 Jahre. Seine Auflösung vor Beendigung der Amtszeit ist unstatthaft, es sei denn, sie erfolgt aus den Gründen, die eine Entlassung des Muftī der Republik aus seinem Amt rechtfertigen. Der Auflösungsbeschluß des Muftī der Republik erfordert die Zustimmung eines Drittels der Mitglieder. Der Muftī der Republik ist für die Auflösung dem islamischen Wahlrat verantwortlich. Es obliegt dem Muftī in einem solchen Fall, die Wahlkommission zur Wahl eines neuen Rates innerhalb eines Zeitraums von höchstens einem Monat nach Ergehen des Auflösungsbeschlusses einzuberufen.

ARTIKEL 45. — Der Muftī der Republik kann die durch Rücktritt oder Todesfall oder aus sonstigen Gründen freigewordenen Sitze der gewählten Mitglieder durch Neuernennungen besetzen, wenn die weitere Amtszeit des Rates nicht mehr als ein Jahr beträgt. Der Muftī der Republik darf von diesem Recht keinen Gebrauch machen, wenn die Anzahl der freigewordenen Sitze insgesamt oder nacheinander mehr als ein Viertel der Zahl der Mitglieder beträgt. In diesem Fall ist er verpflichtet, eine Nachwahl abzuhalten, um für die restliche Amtszeit des Rates die freigewordenen Sitze zu besetzen.

---

[1] Art. 43 fehlt in der Verordnung.

Wenn der Muftī der Republik die oben erwähnten Ernennungen vornimmt, dann ist er verpflichtet, mit Vorzug jene für die freigewordene Mitgliedschaft im Islamischen Shar'ī-Rat zu bestimmen, die laut den Wahlprotokollen nach den Mitgliedern, die sie ersetzen sollen, die meisten Stimmen erhielten.

ARTIKEL 46. — Der Rat hat das Recht, jedes gesetzliche oder gewählte Mitglied von der Mitgliedschaft auszuschließen, welches in starkem Maße seine Pflichten verletzt oder sich durch sein persönliches Verhalten als ungeeignet erweist, dem Rat als Mitglied anzugehören. Die Entscheidung über die Entlassung wird mit Dreiviertelmehrheit der Stimmen unter Vorsitz des Muftī der Republik getroffen. Sie ist endgültig.

DIE GRÜNDE SEINES ZUSAMMENTRITTS

ARTIKEL 47. — Auf Einberufung seines Präsidenten tritt der Hohe Shar'ī-Rat außer in den Sommermonaten einmal im Monat zum Studium der bei ihm anliegenden Rechtsfälle zusammen. Von sich aus tritt er im letzten Quartal des Jahres zu einer fortlaufenden Sitzungsperiode zusammen, um die Haushalte der awqāf zu überprüfen, zu berichtigen und zu genehmigen sowie, wenn es ihm zeitlich möglich ist, Probleme zu behandeln, die an ihn herangetragen wurden oder die er selbst einer Diskussion für würdig erachtet.

ARTIKEL 48. — Der Rat wird außer in den oben erwähnten Fällen einberufen, wenn ein Viertel seiner Mitglieder die Bearbeitung dringender Fragen verlangt.

ARTIKEL 49. — Der Rat hält seine Sitzungen im Amtssitz des Muftī der Republik in Beirut ab. Dem Rat stehen ein besonderer Saal und ein Büro für den Vizepräsidenten und für die Protokollführer zur Verfügung.

ARTIKEL 50[1]. — Der Rat gilt bei seiner ersten Sitzung bei Anwesenheit der Mehrzahl seiner Mitglieder als zusammengetreten. Damit sind die rechtlichen Voraussetzungen erfüllt, wieviel die Anzahl der Anwesenden in der zweiten Sitzung auch beträgt. Nur in dem von Art. 46 erwähnten Fall ist für das Zusammentreten des Rates die Anwesenheit von drei Vierteln seiner Mitglieder erforderlich.

ARTIKEL 51. — Der Rat faßt seine Beschlüsse mit Stimmenmehrheit. Seine Entscheidungen sind ohne weiteres rechtskräftig und bedürfen der Zustimmung des Muftī der Republik nicht.

ARTIKEL 52[2]. — Der Muftī der Republik kann den Hohen Islamischen Shar'ī-Rat unter Angabe von Gründen auffordern,

[1] Neugefaßt durch Beschluß des Hohen Islamischen Shar'ī-Rates, ohne Datum, in madjmū'a qawānīn, vom 16. 7. 1959, S. 5.

[2] Neugefaßt durch Beschluß des Hohen Islamischen Shar'ī-Rates vom 4. 10. 1956, in madjmū'a qawānīn vom 16. 7. 1959, S. 3f.

einen Beschluß nochmals auf diese Gründe hin zu überprüfen. Dies muß innerhalb von 10 Tagen nach Mitteilung an ihn erfolgen. Macht der Muftī von seinem Recht keinen Gebrauch, oder besteht der Rat auf seinem Entschluß, so ist dieser unmittelbar als rechtswirksam anzusehen.

ARTIKEL 53. — Jeder, der durch eine Entscheidung des Rates betroffen ist und nicht aufgefordert wurde, seine Meinung in der betreffenden Angelegenheit zu vertreten, hat das Recht, innerhalb von 15 Tagen nach Mitteilung an ihn oder nach seiner rechtsververbindlichen Kenntnisnahme um Überprüfung der Entscheidung nachzusuchen. Er kann nur einmal darum bitten.

ARTIKEL 54. — Der Hohe Shar'ī-Rat gibt sich eine Geschäftsordnung. Er wählt 11 seiner Mitglieder zu einer Ständigen Kommission, die über die in Art. 39 Abs. 3, 4 und 5 aufgeführten Angelegenheiten entscheidet.

Die Ständige Kommission wählt ihren Präsidenten und Vizepräsidenten aus dem Kreis ihrer Mitglieder. Sie tritt zu dem vom Präsidenten oder Vizepräsidenten festgesetzten Zeitpunkt oder bei Bedarf zusammen. Ihr Zusammentreten ist gesetzmäßig, wenn wenigstens 7 Mitglieder anwesend sind. Die Entscheidungen werden mit Stimmenmehrheit gefaßt und treten wie die Entscheidungen des Hohen Shar'ī-Rates in Kraft.

ARTIKEL 55. — Im Falle der Verhinderung des Muftī der Republik vertritt ihn der Vizepräsident im Vorsitz des Rates und bei der Führung der Geschäfte.

ARTIKEL 56. — Der Verlauf jeder Sitzung wird in einem Protokoll festgehalten. In das Protokoll werden alle Fragen, deren Diskussion auf der Tagesordnung stand, die Ergebnisse der Diskussion und die getroffenen Entscheidungen aufgenommen. Die Erstschrift des Protokolls wird vom Präsidenten oder Vizepräsidenten sowie von allen anwesenden Mitgliedern unterschrieben. Dann wird es in ein besonderes Register eingetragen und abermals von denselben Ratsmitgliedern unterzeichnet.

DIE VERWALTUNGSRÄTE

ARTIKEL 57. — Dem Generaldirektor der awqāf in der Hauptstadt und den awqāf-Leitern in der Provinz stehen gewählte Verwaltungsräte zur Seite.

ARTIKEL 58. — Die Verwaltungsräte sind mit den folgenden Aufgaben betraut:

1. Aufstellung des Jahresbudgets und Kontrolle der in seinen Titeln vorgesehenen Ausgaben;
2. Bebauung und Instandhaltung der Grundstücke des waqf bei Ausschreibung oder treuhänderischer Übertragung der Arbeiten sowie Ausnutzung der Grundstücke durch kurz- oder

langfristige Pachtverträge, sofern diese vier Jahre nicht überschreiten;

3. Vermietung der Grundstücke eines waqf durch Versteigerung oder freie Vereinbarung und die Entscheidung über die ordnungsgemäße Vergabe;
4. Planung der Beamtenkader des religiösen und des Verwaltungsdienstes, Festsetzung der Besoldung und Streichung der zu hoch angesetzten Beträge;
5. Genehmigung der auf vorgeschriebenen Belegen vorgenommenen Abrechnungen, außer denjenigen für die monatlichen Gehälter der Beamten;
6. Überprüfung und Genehmigung von Abrechnungen der mutawallī von awqāf khayriyya und mulḥaqa;
7. Überprüfung der Anträge auf istibdāl von Waqfimmobilien maḍbūṭa und mulḥaqa, Entscheidung über die Anträge und Festsetzung der Bedingungen über die Verwendung der aus dem istibdāl erzielten Erlöse;
8. Prüfung der Bewerber für religiöse Ämter, Vorschlag ihrer Ernennung im Einklang mit dem niẓām tawdjīh al-djihāt, Vorschlag der Ernennung von Verwaltungsbeamten, die Beförderung von Verdienten der beiden Gruppen und ihre Bestrafung;
9. Kontrolle der Abrechnungen der Direktion und der anderen Behörden sowie Überprüfung ihrer Bücher und Kassen;
10. Prüfung aller Angelegenheiten, die der Direktor der awqāf, die örtlichen Leiter oder ein Mitglied ihnen vorgelegt hat, sowie der Vorschläge, die zur Verbesserung des Zustands der awqāf und ihrer Verwaltung, zur Wahrung ihrer Substanz, Vermehrung der Einnahmen und Vornahme aller ausbedungenen und vorgesehenen wohltätigen Leistungen führen.

ARTIKEL 59. — Die Verwaltungsräte in Beirut und Tripolis bestehen aus 9 gewählten Mitgliedern: zwei 'ulamā', zwei Grundbesitzern, zwei Ingenieuren, einem Kaufmann, einem tätigen oder pensionierten Juristen und einem mutawallī oder Sachverständigen in Vermögens- und Finanzfragen.

Der Verwaltungsrat in dem Hauptort der muḥāfaẓa Saida besteht aus 7 Mitgliedern: einem 'ulamā', einem Juristen, einem Grundbesitzer, einem Kaufmann, einem Ingenieur, einem mutawallī und einem Sachverständigen in Vermögens- und Finanzfragen. Das Nähere regelt Art. 62.

Die anderen Teile der Provinz behelfen sich mit örtlichen Kommissionen, die, entsprechend der Bevölkerungszahl und der Bedeutung der awqāf, aus drei oder mehr Mitgliedern, Notabeln des Kreises oder der Ortschaft, zusammengesetzt sind.

ARTIKEL 60. — Der Direktor der awqāf in der Hauptstadt und die örtlichen awqāf-Leiter sind gesetzliche Mitglieder der für sie zuständigen Verwaltungsräte. Sie arbeiten in den Beratungen mit und haben das Recht, bei Beschlußfassungen mit abzustimmen.

ARTIKEL 61. — Bei der Erörterung der im Artikel 58 Ziffer 1, 4, 6, 7, 8 und 9 aufgeführten Fragen treten der amīn al-fatwā dem Verwaltungsrat in der Hauptstadt und der örtliche muftī dem Verwaltungsrat in dem Hauptort der muḥāfaẓa bei und übernehmen den Vorsitz.

ARTIKEL 62. — Die Mitglieder der Verwaltungsräte in der Hauptstadt und in den Hauptorten der Provinz werden von den Ausschüssen, die mit der Wahl der örtlichen muftī betraut sind, und nach dem für diese Wahl geltenden Verfahren gewählt. Die örtlichen Kommissionen werden auf Vorschlag der für sie zuständigen Verwaltungsräte oder des Generaldirektors der awqāf in denjenigen muḥāfaẓāt, in denen es keinen Verwaltungsrat gibt, der dies tun könnte, durch Beschluß des Muftī der Republik ernannt. Art. 18 dieses Gesetzes, soweit er sich auf die Anfechtung der Gültigkeit der Wahl von Mitgliedern der Verwaltungsräte bezieht, findet Anwendung. Der Hohe Shar'ī-Rat entscheidet über die Anfechtung innerhalb eines Zeitraums von höchstens zwei Wochen.

ARTIKEL 63. — Die Amtszeit der Verwaltungsräte beträgt drei Jahre. Sie können vor Ablauf ihrer Amtszeit durch Beschluß des Muftī der Republik mit Einwilligung des Hohen Shar'ī-Rates bei schwerwiegenden, im Auflösungsbeschluß zu erwähnenden Gründen aufgelöst werden. Die Wahl der neuen Verwaltungsräte erfolgt innerhalb eines Zeitraums von einem Monat von Ergehen des Auflösungsbeschlusses an.

ARTIKEL 64. — Der Verwaltungsrat wählt aus dem Kreise seiner Mitglieder einen Vizepräsidenten[1]. Der Präsident beruft die Mitglieder ein, leitet die Sitzungen, ernennt die Kommissionen und teilt die Ratsbeschlüsse dem Direktor der awqāf oder den örtlichen Leitern zum Zweck der Durchführung oder Unterbreitung an die maßgebenden Stellen mit.

ARTIKEL 65. — Die den Hohen Shar'ī-Rat betreffenden Vorschriften der Art. 44 und 45 finden auf den Verwaltungsrat Anwendung. Den Beschluß über die Entlassung eines der Ratsmitglieder aus den in Art. 46 erwähnten Gründen faßt der Rat unter Vorsitz des örtlichen muftī. Dieser Beschluß ist nur mit Zustimmung des Hohen Shar'ī-Rates rechtswirksam.

[1] Die Verordnung bestimmt nicht, wer Präsident des Verwaltungsrates ist. Nach Mitteilung der Generaldirektion Beirut sind dies trotz der entgegenstehenden Formulierung des Art. 61 der amīn al-fatwā bzw. die örtlichen muftī.

DIE GRÜNDE IHRES ZUSAMMENTRITTS

ARTIKEL 66. — Auf Einberufung seines Präsidenten tritt der Verwaltungsrat mindestens einmal im Monat zusammen. Er stellt den Haushaltsplan der Direktion oder der Behörde, zu der er gehört, drei Monate vor Ende des laufenden Jahres auf und legt ihn vor Eintritt des neuen Jahres dem Hohen Shar'ī-Rat auf direktem Wege zur Prüfung und Bestätigung vor.

ARTIKEL 67. — Der Rat ist bei Anwesenheit der Mehrzahl seiner Mitglieder zusammengetreten. Er faßt Beschlüsse mit drei Vierteln der Stimmen seiner anwesenden Mitglieder. Außer in Angelegenheiten, deren Durchführung von der Zustimmung des Hohen Shar'ī-Rates abhängig ist, sind seine Beschlüsse ohne weiteres rechtswirksam.

ARTIKEL 68. — Gegen die Beschlüsse der Verwaltungsräte kann beim Hohen Shar'ī-Rat wegen Verletzung der angewendeten Gesetze, Verordnungen und Richtlinien sowie wegen Schädigung der Interessen von awqāf oder eines mit ihnen zusammenhängenden Rechts Berufung eingelegt werden.

ARTIKEL 69. — Der Generaldirektor der awqāf, die örtlichen Leiter und die mittelbar Geschädigten haben das Recht der Berufung. Die Berufung ist innerhalb einer Frist von 15 Tagen einzulegen. Die Frist beginnt für den Direktor der awqāf und die örtlichen Leiter mit dem Zeitpunkt des Ergehens des Beschlusses, für die mittelbar Geschädigten mit dem Zeitpunkt der Mitteilung an sie oder ihrer rechtsverbindlichen Kenntnisnahme.

ARTIKEL 70. — Wenn der örtliche Awqāfleiter von seinem Berufungsrecht keinen Gebrauch macht, ist der Direktor der awqāf berechtigt, gegen jeden Beschluß Berufung einzulegen, den einer der Verwaltungsräte in der Provinz unter Verletzung der angewendeten Gesetze, Verordnungen und Richtlinien getroffen hat oder der dem Interesse der Stiftungen Schaden zufügt. Die Berufung ist innerhalb eines Monats vom Zeitpunkt des Ergehens des Beschlusses an einzulegen.

ARTIKEL 71. — Die Berufung hält den Vollzug des Beschlusses nicht auf, es sei denn, daß der Hohe Shar'ī-Rat seine Aussetzung angeordnet hat.

DER DIREKTOR DER AWQAF

ARTIKEL 72. — Der Generaldirektor der awqāf besorgt die Verwaltung der awqāf der Hauptstadt und übt die Aufsicht über die Waqfbehörden in der Provinz aus. Er ist dem Muftī der Republik unmittelbar unterstellt und diesem sowie dem Hohen Shar'ī-Rat für seine Handlungen verantwortlich.

ARTIKEL 73. — Der Direktor der awqāf ist in seiner Amtsausübung an die geltenden Gesetze, Verordnungen und Richtlinien gebunden. Er überwacht den reibungslosen Ablauf der Arbeit in den Waqfbehörden und den ordentlichen Zustand ihres Grundbesitzes, die wirtschaftliche Ausnutzung und die wohltätigen Leistungen der awqāf.

ARTIKEL 74. — Der Generaldirektor der awqāf ist der unmittelbare Vorgesetzte der Beamten seiner Behörde und der Awqāfleiter in der Provinz. Diese führen seine Anordnungen aus und handeln nach seinen Richtlinien, soweit sie nicht mit den Waqfgesetzen, den Verordnungen und dem Budget in Widerspruch stehen.

ARTIKEL 75. — Der Generaldirektor der awqāf in der Hauptstadt ist befugt, gegen die religiösen und die Verwaltungsbeamten der Hauptstadt und der Provinz, die eine strafwürdige Nachlässigkeit oder eine Amtspflichtverletzung begangen haben, disziplinarische Maßnahmen zu ergreifen und einen Gehaltsabzug von höchstens 15 Tagen festzusetzen.

Was die letztere Maßnahme betrifft, so wird sie von dem für den verantwortlichen Beamten zuständigen Verwaltungsrat auf Grund der gegen den Beamten in Gang gesetzten Untersuchung beschlossen. Wenn auf Herabsetzung des Dienstgrades oder Entlassung erkannt wird, so muß die Zustimmung des Hohen Shar'ī-Rates vorliegen. In jedem Fall kann der bestrafte Beamte den Beschluß des Generaldirektors der awqāf durch den Hohen Shar'ī-Rat innerhalb einer Frist von 10 Tagen vom Zeitpunkt der Mitteilung an nachprüfen lassen.

ARTIKEL 76. — Der Generaldirektor der awqāf in der Hauptstadt hat das Recht, in Erwartung des Untersuchungsergebnisses die Suspendierung jedes religiösen oder Verwaltungsbeamten, der eine schwere Amtspflichtverletzung begangen hat, zu beschließen. Ausgenommen sind die örtlichen Awqāfleiter.

Diese Maßnahme darf nur mit Zustimmung des Muftī der Republik durchgeführt werden. Bis zum Ergehen der erforderlichen Entscheidung wird das Gehalt des suspendierten Beamten nur zur Hälfte ausgezahlt.

ARTIKEL 77. — Der Generaldirektor der awqāf in der Hauptstadt schlägt die Ernennung und Beförderung von Beamten der Waqfbehörden in der Hauptstadt und in der Provinz vor. Die Ernennung der Pförtner, der Dienerschaft und ähnlicher niedriger Angestellter nehmen der Generaldirektor in der Hauptstadt und die Waqfleiter in der Provinz vor.

ARTIKEL 78. — Der Direktor der awqāf führt die ihm zu diesem Zweck übertragenen Entscheidungen des Verwaltungsrats und des Hohen Shar'ī-Rates aus.

DIE ÖRTLICHEN WAQFLEITER

ARTIKEL 79. — Die awqāf in der Provinz werden von örtlichen Leitern verwaltet, die auf Vorschlag des Generaldirektors der awqāf und auf Empfehlung des Hohen Sharʿī-Rates durch Beschluß des Muftī der Republik ernannt worden sind. Sie sind dem Generaldirektor der awqāf in der Hauptstadt unmittelbar unterstellt und nehmen die Waqfangelegenheiten im Bereich der muḥāfaẓa, für die sie ernannt sind, wahr.

ARTIKEL 80. — Die örtlichen Leiter der awqāf genießen in ihrem Tätigkeitsbereich und in ihren Beziehungen zum Verwaltungsrat ihres Distrikts die gleichen Vollmachten, die für den Generaldirektor der awqāf in den vorangegangenen Artikeln festgelegt sind.

FSC
www.fsc.org
MIX
Papier | Fördert
gute Waldnutzung
FSC® C083411

Kolibri 360 GmbH
Ferdinand-Jühlke-Straße 7
99095 Erfurt, Deutschland
produktsicherheit@kolibri360.de